ブロックチェーン入門

森川夢佑斗
Morikawa Muto

ベスト新書
555

ブロックチェーン入門　目次

第2章　中央管理型から分散型へ

第3章 発行主体のいない暗号通貨「ビットコイン」

第4章　スマートコントラクトで人の仕事はなくなる？

第5章　ブロックチェーンが巻き起こす産業改革

第6章 ブロックチェーンがつくる新たな経済圏とは？

◉イラスト／清水舞子

序章

一躍注目されはじめたブロックチェーン

大きく変化したブロックチェーンを取り巻く世界

ここ1年でブロックチェーン技術を取り巻く社会は大きく変化しました。連日、ニュースの見出しにブロックチェーンおよびビットコインという言葉が踊っています。こんなことは、1年前は想像ができませんでした。フィンテックの一部として語られることの多かったブロックチェーンも、最近はインターネットと同様のインパクトを持った技術革新とも言われています。

確かに、ブロックチェーン技術は破壊的なイノベーションを巻き起こす可能性がります。この本を手に取っている方の大半は5年、いやもっと早くて3年以内には、知らず知らずのうちに生活の一部として、ブロックチェーンに触れることになるでしょう。

その一方で、ブロックチェーンという言葉が独り歩きしていることも否めません。ブロックチェーンという言葉が出てきた時に、それがパブリックブロックチェーンのことを指しているのか、はたまたプライベートチェーンなのか、それともビットコインを指しているのか、分散型台帳のことなのかと、混乱することもしばしばです。本書では読者の方にできる限り誤解を与えないように、用語の使い分けをしていきたいと考えています。

本書では、「ブロックチェーン」と総称する際は、パブリックブロックチェーンのことを指します。

また、ここでブロックチェーンとビットコインについても本書の立場を明確にしておきたいと思います。ブロックチェーンとビットコインの関係性については、鶏が先か卵が先かといった議論が絶えませんが、本書ではあくまでもビットコインは、ブロックチェーンの最初の実用例という位置づけを取りたいと思います。

もちろん、ビットコインがなければブロックチェーンという仕組みが注目されるには、もっと時間がかかったかもしれません。これは、ビットコインの発展に寄与した多くの有志たちの成果でしょう。これまでのブロックチェーンの発展は彼らのものといっても過言ではないでしょう。

ですが、あえてブロックチェーンの今後の発展のため、読者の方々にビットコインのほかにもより多くの可能性や未来を見ていただくために、前述のように、「ブロックチェーンは、ビットコインのような偉大な発明も実現できる技術である」という立場を取りたいと思います。

ブロックチェーンの持つ最大の魅力

さて、ブロックチェーンの話に戻りましょう。ブロックチェーンが注目を浴びているというのは、皆さんもご存じのとおりですが、どうして注目されているのか、また注目に値するのかを、私個人の話を交えながら触れていきたいと思います。

私自身、中高生の頃からヤフーオークションや楽天オークションといったＷｅｂサービスをパソコンで利用して、個人同士が商品売買を行うということに慣れ親しんできました。そして、最近ではメルカリやフリルといった消費者Ｃ２Ｃのフリマアプリが登場し、スマホから商品の売買を行うことが可能となりました。Ｃ２Ｃとは、Consumer to Consumer の略で、「一般消費者と一般消費者の間の取引」を意味します。しかし、お金のやり取りだけは以前と同様で、銀行振り込みやクレジットカード決済、はたまたコンビニ支払いのままでした。お金の流れだけが、個人同士では行えないままだったのです。

前述したとおり、ブロックチェーン技術の代表的な実用例は、ビットコインです。ビットコインであれば、銀行などの仲介業者を介することなく、取引することが可能です。

私は、この仲介業者なしに利用者同士が直接取引できる、ピア・ツー・ピア（P2P）という性質に大きな魅力を感じました。これまで変わっていなかったお金の流れを、ついに個人同士にできる技術だとピンときたのです。

既存のビジネスの大半が、仲介業者がいるビジネスモデルであり、最近話題のシェアリングエコノミーですら、仲介業者がいます。現在はまだ、間に立つ仲介業者がお金やその他の富を独占する傾向にあります。

仲介業者も営利的に活動を行う以上、仲介先の双方が儲かるばかりでは、商売になりません。そのため、自ずと仲介業者が得をして、仲介先が多少なりとも搾取されるといった構図にならざるを得ません。

それがブロックチェーンにより、大きく変革する可能性があります。


ブロックチェーンの本質は、中央管理者のいないこと、つまり分散化です。分散化によって、より個人が何者かのルールに縛られることなく自由な選択肢を持つことができるだろうと私は考えています。そのため、ブロックチェーンとは、より個人をエンパワーメントするものと捉えています。

これは、インターネットにより誰もが自由に情報を発信できるようになったことで、個人をエンパワーメントしたことと同様です。

近頃の例で言うと、Twitter や Instagram の「インフルエンサー」と呼ばれるユーザー達や、動画配信サービス Youtube の人気配信者「Youtuber」といった存在はインターネットによる個人のエンパワーメントの顕著な例でしょう。

ブロックチェーンの分散化という威力が、あらゆる産業にイノベーションをもたらす可能性があるのです。そのため、注目をされていますし、注目に値する技術であると考えています。

あらゆる産業にイノベーションをもたらすブロックチェーン

ブロックチェーンが関係する市場規模は、平成27年度に経産省が提出した「ブロックチェーン技術を利用したサービスに関する国内外動向調査」の内容によると67兆円と推定されています。

ブロックチェーンの大きな特徴としては、改ざんが非常に困難であること、中央管理者がおらず複数でネットワークを維持するため、実質的に障害が発生することでサービスおよびネットワーク自体が利用できなくなるといったリスクが、限りなくゼロに近いこと（ゼロ・ダウンタイム）があります。

実際に、ブロックチェーン技術を基盤とするビットコインは２００９年に始動して以来、一度もダウンしていません。皆さんも、Ｗｅｂサイトにアクセスしようとした際に、そのページが表示されないといったことを経験したことがあるはずです。そのようなことが一度もなかったということです。

これはすごいことで、皆さんが信頼をおいて利用している銀行のシステムでさえ、障害が起きたりシステムダウンをさせないために日々メンテナンスを行っています。

また、ブロックチェーンの具体的な活用例としては、ビットコインとも比較しやすい電子マネーやポイント、地域通貨にはじまり、電子クーポンやEチケットから土地登記、電子カルテまでに及びます。

さらに、スマートコントラクトと呼ばれるブロックチェーン上で自動取引を可能にするコンセプトと組み合わせることで、あらゆる商取引を自動化することが可能です。

これまで仲介業者を必要としていた、業務プロセスのすべてが変わる可能性があるのです。これらは、もしかすると人工知能が人の仕事をなくすことよりも、現実的でよりインパクトがあるかもしれません。

具体的には、銀行が行ってきた送金業務はもちろんのこと、会計業務や国を横断した製品の流通管理まで、自動的に行われる未来が訪れます。

それに加えて、昨今注目を集めているシェアリングエコノミーのビジネスモデルも大きく変化する可能性があります。

シェアリングエコノミーは、企業がサービスを提供するのではなく、個人が直接結びつくことでサービスやモノを提供し、従来企業が管理することでかかっていたコストを削減し、消費者はより安価にサービスを受けれるようにします。

そしてサービス提供者はより多くの収入を上げ、消費者はより安価にサービスを受けることができる、まさにウィン-ウィンな関係を築くことで急速に発展してきました。しかし、それでもシェアリングエコノミーを成り立たせるために仲介に立つC2C企業が富を独占してしまう傾向が起きています。

実際にスマホアプリを使ったタクシー配車サービスのUber（ウーバー）においても急な報酬の減額によって一時期ドライバーたちによる抗議が行われました。

現在、C2C企業が行っている利用者同士のマッチングおよび仲介業者が一時的に代金を預かるエスクロー型の代金支払いですが、ブロックチェーンおよびスマートコントラクトで代用することで、コストを削減し利用者がより恩恵を受けることができるようになるでしょう。

ブロックチェーンは、モノのインターネットと呼ばれるIoTとも相性が良いとされています。むしろ、ブロックチェーンによって、IoTは真価を発揮するとも言われている

ブロックチェーンは、あらゆる分野に関係していく

くらいです。

これまで、ＩｏＴにおいて懸念されていた点としてセキュリティ問題が挙げられます。デバイスやセンサーに不正にデータが送信されたり、記録されているデータを改ざんされないかという問題です。ここに改ざんが困難であるブロックチェーンの特徴を活かすことで、解決を図ることができます。

さらに、スマートコントラクトとも関連させることで、デバイスやセンサーで特定のデータを受信した際に、自動的に一連の取引を実行するということも可能になるため、ＩｏＴの可能性をさらに拡大できるでしょう。

このようにブロックチェーンの持つ特徴は、様々な分野に応用することが可能です。もちろん、すぐにすべてが変わるというわけではありませんが、着実にブロックチェーンの波は多くの産業を包み込んでいくでしょう。

今こそブロックチェーンを学ぶ絶好のチャンス

さて、改めてになりますが、ビットコインが発明され運用されはじめたのは、2009年です。歴史的には、まだ10年の歴史もありませんが、現在では、ビットコインに勘定機能以外を持たせようとする技術も数々登場しています。これはまさに、インターネットにおけるTCP/IP上に「http, ftp, smtp」など用途別にアプリケーションレイヤーの技術が整備されていった時代と同時期にさしかかっています。

言うなれば、今は1990年代のインターネット黎明期《れいめいき》そのものなのです。ここから、ブロックチェーンがあらゆる産業に影響を与え、新しいサービスを生み出していく時代に急速に突入していくでしょう。

その一方でブロックチェーンについて詳しい人間は多くありません。日本国内においてもブロックチェーンを扱えるエンジニアはごく少数です。

それは、ビジネスマンも同様で、ブロックチェーンについて正しく理解しビジネスへの活用までを考えられる人が不足しています。

ブロックチェーンは、これまでのビジネスモデルを変革する可能性を持っているものの、分散化というコンセプトからも理解しにくい代物です。逆に言うと、理解しにくいため大半の人が二の足を踏んでいる今が最大のチャンスとも言えます。

実際、私のようにもともと技術畑の人間でなくとも、興味を持って学ぶことでブロックチェーンの知識を持っていると、このように筆をとる立場にもなることが可能です。


本書では、ブロックチェーンとその背景にあるコンセプトや仕組み、そしてビットコインなどの実用性について解説します。そして、できる限り皆さんに、分散化のもたらす可能性について触れていただければと思います。

いち早くみなさんがブロックチェーンの波に飛び込む契機となれば幸いです。

第1章

「信用」とは何か？

信用と信頼とは？

「信用」および「信頼」という概念は、ブロックチェーンを理解するのに不可欠な要素です。ブロックチェーンは、トラストレスな、つまり信用のいらないインターネットと形容されることもあります。

ブロックチェーンの理解を難しくさせるのは、利便性の部分というよりも、このような概念的な部分にあります。少々、回りくどいかもしれませんが、ブロックチェーンについて理解するために、一つひとつの概念について紐解いていきたいと思います。

まず、ブロックチェーンが変える「信用」とは、そもそもどういったものなのかを見ていきましょう。

皆さんは、誰かに対して、「信用がある」もしくは、「信用がない」というのは、どのように判断しているのでしょうか。

信用とは、広辞苑によると、「信じて任用すること」と書かれています。ここで重要なのは、「任用する」という部分です。
「任用」とは、ある目的のためにその役割を与えることです。

たとえば、Aさんという人がいて、その人に買い物を頼んだとしましょう。買い物の内容は、150円のりんごを1つ、100円のみかんを2つとしましょう。

しかし、Aさんがりんごを買い忘れてしまった、もしくは1000円を渡したのにお釣りが500円しかなかったなど、期待した結果がAさんによって果たされないと、Aさんの信用は低下します。

反対に、Aさんがしっかりとりんご1つとみかん2つを買い、お釣りを650円返してくれると信用は向上します。Aさんに、また同じような買い物を依頼しても大丈夫であろうと判断もできるでしょう。

つまり、信用とは、ある目的に際して、特定の役割を担うことができるか、です。もう少し噛み砕いていくと、言ったことをちゃんとやってくれるか、約束を守ってくれそうか、ということです。少々、当たり前のこと過ぎたでしょうか。

では、次に私たちが普段利用しているサービスの信用について考えてみましょう。この場合の信用とは、みなさんがそのサービスを利用する目的が、適切に果たされるかどうかとなります。

では例として、銀行の信用について考えてみましょう。銀行とはどういった目的で利用するのでしょうか。一般的に一番多いのは、「お金を預ける」、「お金を誰かに送る」ことでしょうか。

前者の場合は、いつでも自分の預けた金額のお金が正しく保管されていること、後者の場合は、正しく送金相手に自分のお金が指定の金額送金されることです。これらが正しく実行されることが、銀行の信用です。

次に楽天市場やAmazonなどのECサービス（インターネット上での商品・サービスの売買）を例に考えてみましょう。この場合は、自分が気に入った商品を購入し、代金を支払えば、ちゃんと商品が指定の場所に届くということが、期待されることでしょう。

もし、代金を支払ったのに商品が届かなかったり、選んだものと違うものが入っていたら、もうあなたは同じサービスを利用しなくなるでしょう。

いちいち気に留めないかもしれませんが、私たちは、ある目的のためにその企業やサービスに期待していることを、しっかりと果たしてくれるかを過去の信用から信頼することで、利用し続けているのです。

しかし、その一方で信頼している相手が本当にしっかりと仕事をしてくれているかは、実際のところはわからないのです。今まではしっかりやってくれていたのに、ある日突然、まったく違ったことをされて大きな損をしてしまうこともあり得るのです。

このように、ある目的のために第三者を頼ることで生じるリスクを「カウンターパーティ・リスク」と言います。

日本では、誠実な企業が多く問題なく取引やサービスの提供をしているため、このリスクへの感覚が薄れがちかもしれません。

しかし、海外ではそんなことはありません。例えば、海外のＡＴＭを例に取ってみましょう。海外旅行の経験を持つ方であれば、いちいち両替所で現地通貨に両替しなくてもよいのでATMは重宝するはずです。しかし、カードを入れたが最後、出てこないといったことは、日本に比べれば頻繁に起こり得ます。

その他にも、「カウンターパーティ・リスク」の例としては、配送物が届かない、交通機関は時間どおりにこない、偽物の薬品が出回る、役所側の人的ミスにより手続きが止まったまま放置されるなど、実際に期待したことが正しく実行されないというケースは、日本に比べてはるかに多いです。

そのため外国人のほうが、こうした信用であったり第三者に頼ることのリスクについて、より敏感かもしれません。

まだ半信半疑な方もいるかもしれませんので、補足をすると、海外では政府が管理する通貨ですら信用できるものではない場合があるのです。ハイパーインフレを経験したアルゼンチンの通過「アルゼンチンペソ」や「ジンバブエ共和国ジンバブエドル」などは、まさにその典型例です。

正しく国民の経済活動のために運営されることが期待される通貨でさえ、第三者である政府のミスによって国民が大きな不利益を被《こうむ》ることがあり得ます。中国人が人民元を金や円などの安定した外貨に交換するのは、自国通貨のリスクを考えた上での行動です。

いかがでしょうか。このように第三者を信頼するということは、少なからずリスクを伴うのです。そのため私たちは、過去の信用から、どの企業やサービスを信頼すべきかを決めています。

銀行に預けたお金は誰のもの？

ここまで企業やサービスを利用することには、「カウンターパーティ・リスク」と呼ばれるものが存在するという話をしました。では、どうしてこのようなことが起きるかについて、述べていきたいと思います。

銀行を例に見ていきましょう。銀行にお金を預けた時、そのお金は誰のものなのでしょうか。もちろん、預けたあなたのお金だと思いますよね。形式的には、あなたのお金なのですが、そのお金を24時間いつでも好きにできる、というわけではありません。

銀行の営業時間しか引き出しができなかったり、ATMが利用できても手数料を取られたり、暗証番号を忘れてしまうと自分のお金だとしても引き出せなかったりと、実はいろいろと不便な点もあります。

つまり、実際にみなさんのお金をコントロールできるのは、銀行にお金を預けた瞬間から銀行だけになっているのです。そのため、このような銀行都合の不便さがそこに生まれます。

一言で言うと第三者に何かを頼るということは、何かをコントロールできなくなるということなのです。

もちろん、その一方で、皆さんがタンスに多額のお金を保管しなくてよかったり、送金したい相手のもとに札束をわざわざ持参しなくいいようにしてくれているわけです。

どうしてこのような仕組みになっているのでしょうか？　誰もが自由に好きなタイミングでお金を引き出せるほうが便利に決まっています。

しかし、そうなるとカオス（無秩序）状態です。必ずトラブルが生まれることとなるでしょう。

小学校の靴箱を思い浮かべてください。普通は一人ひとりに番号のついた靴箱が割り当てられますね。その割り当てられた靴箱を自分の銀行の口座だと思ってください。そして、靴を自分の口座の中のお金としましょう。誰もが好きなタイミングで、自分の靴箱に靴をなおしたり、取り出したりできるとします。

そうすると、皆さんも経験があると思いますが、誰かの靴が必ずなくなったり、もしくは同じところに複数の靴が入っていたり、靴が入れ替わったりしたことがありませんか。もしかすると、あなた以外の人が手を組んで、靴を隠すかもしれません。

少し極端な例かもしれませんが、これと同じことが銀行の場合でも起こり得ます。


これを解消するひとつの手段が、靴を出し入れする人をひとりに決めることです。靴箱の手前で、代表者が皆さんの靴を回収しそれぞれ決められた靴箱に靴をなおします。そして、取り出したい時は、自分の靴箱の番号を教えて靴を取り出してもらいます。

そうすれば、その代表者がしっかりと仕事をしてくれる限りは、問題なく正しい靴が自分の手元にきますし、誤った靴箱に自分の靴が入れられてしまうこともありません。この正しい仕事の積み重ねが、先ほど説明した信用につながります。

仮にミスがあったとしても、代表者のミスなのか、もしくは番号を言い間違えるといった靴の持ち主のミスなのかもはっきりさせることができ、管理がずっと楽になります。

先ほどは、一人の代表者にすべてを任せるのは「カウンターパーティ・リスク」があると言いましたが、靴箱の例のようにトラブルを最小限に抑えるには、最も効率の良い方法として、こうした方法が取られてきました。

この場合だと靴を特定の誰かに一括管理してもらうことが、全員の靴を安全に管理し、つつがなく靴の出し入れを行うのに最適だったのです。これをお金に置き換えた場合、その役割を担っていたのが銀行です。そのため、お金を一括管理する銀行には、多額のお金が集まることとなります。

このように、信頼のおける第三者が取引の安全の担保を行うことを「エスクロー」と呼びます。先ほどの例の場合は、取引とは靴の出し入れを指し、銀行の場合ですとお金の出し入れや送金を指します。

中央管理者が富を独占する

さて、現在の取引の場合、信頼のおける第三者を介して取引を行っているというお話をしました。企業の提供するサービスのほとんどがこれに当たります。当たり前のことですが信用のないサービスは、利用されません。

そして、信用を得たサービスは、さらに利用者に利用されることとなり、指数関数的に利用数が増えていきます。

銀行の場合は、お金です。楽天市場やAmazonの場合は、取扱商品になるでしょうか。Googleの場合は、インターネット上のあらゆるWebサイト情報。Facebookは、皆さんの友達や趣味趣向の情報です。

こういったモノや情報が、中央管理者のもとへ集まります。そして、これらの情報を厳重に保管する一方で、自由に利用することが可能なのです。

銀行は、皆さんから預かったお金を、他に投資することでリターンを得て儲けを出しています。GoogleやFacebookは、皆さんから得たデータを広告主である企業などに提供することで多額の利益を得ています。

このように自分以外の他人から集めたモノ・情報をビジネスに利用していくことで多くの富を築き独占しています。

あくまで、お金や個人情報の所有者は皆さんのはずですが、中央管理者がそれらを利用して得た利益が直接還元されることはありません。

もちろん、お金や情報を得る代わりに、銀行は預金や送金などの銀行業務を、GoogleやFacebookもそれぞれのサービスを提供しているわけですが。

中央集権管理の問題点

その一方で、中央集権管理にも陰りが出てきています。

ひとつは、中央管理者の不手際による情報漏えいや不正行為などの「カウンターパーティ・リスク」です。

例えば、２０１４年に氏名や住所など多くの情報の流出が起きた「ベネッセ個人情報流出事件」や、２０１６年10月に発覚した三井住友銀行大森支店での銀行員による計７年にわたる約４億円の横領事件などが挙げられます。その他にも、大手キャリア企業や決済企業などでも同様の不祥事は多数起きています。

次に、膨大な量のモノ・情報を安全に管理し取引を行うために割かれる管理コストの肥大化です。実際、適切な管理のためにどれだけのコストがかかっているかは、ピンときにくいかもしれませんが、金融機関の場合でも年間コストの約半分ほどが管理コストに割かれています。

集中管理しているサーバーなどで問題が起きると、サービス全体で機能障害を起こしてしまう恐れがあるからです。中央集権管理の場合は、このような単一障害点（その箇所が停止することでシステム全体が障害を起こす箇所）を抱えてしまう構造となっています。

最後に情報共有の非効率性が挙げられます。これは、それぞれが膨大な情報を個別に管理しており、さらに管理方法も違うため、情報共有の効率が悪くなってしまうということです。複数の事業者がからむ事業の場合は、それぞれの情報管理方法が異なるにもかかわらず、情報の共有が必要なため、無理やり情報を紐付けることが多々あります。

そのため、事業者間での情報伝達がうまくいかず、誤った情報が伝わることや、情報の紛失および改ざんの恐れがあります。


これらの課題がありながらも、信用担保をする効率の良い方法が、権限を一極集中化する、現行の中央集権管理型だったのです。しかし、すべての情報やサービスを集中して管理し、提供するとコストが高くなります。したがって、利用者に要求する費用も高くならざるを得ませんでした。

このようなモデルに異議を唱えたのが、次に説明するようなC2Cモデル、「シェアリングエコノミー」です。

実は「シェアリングエコノミー」は、シェアしてはいない？

Ｗｅｂ上で空いている部屋を宿泊者に提供するAirbnb（エアビーアンドビー）や、タクシーの配車サービスUberなど、個人のリソースを束ね、別の個人のニーズとマッチングさせることで両者にメリットを享受する「シェアリングエコノミー」と呼ばれるシステムが盛り上がっています。

これまでは宿泊業もタクシーの配車業も、ひとつの事業者が宿泊施設やタクシーを保有してサービスの提供を行ってきました。

しかし、AirbnbやUberといったサービスはサービスを提供するために必要な施設も車も持っていません。ただ利用者と提供者とをマッチングさせているだけです。あとはその中でお互いにレビューを書かせることで、利用者と提供者の評価を公開しています。物理的なモノを保有しない代わりに、情報を保有し管理しているのです。

そして、最も大きな役割は、お金の流れを管理しているというポイントです。利用者と提供者間のお金の流れもすべてAibnbやUberなどの事業者が中央管理しています。サービス自体は、個人間で流通するようになりましたが、これまで説明してきたような中央管理の時代と実は何も変わっていないのです。お金の流れ自体は、これまでの仕組みの延長線上にあります。

実際、「シェアリングエコノミー」サービスが一般に普及するにつれて、いくつかの問題が顕在化してきました。

UberやAirbnbの問題点は、彼らが個人同士を仲介するハブとしての役割を果たすことで、権力が集中してしまうことにあります。営利企業である彼らの存在目的が利益の創出である以上、それはUberにおいてはドライバーや乗客、Airbnbにおいては宿泊設備提供者や宿泊客の営利活動と相反してしまいます。

そのため、末端で働くドライバーや宿泊施設提供者にその恩恵が届かなくなり、価値の乖離が生じていきます。

真のシェアリング、個人同士がつながり合う未来には、まだ超えなくてはいけない課題が数多く残っています。

C2Cサービスも実はお金の流れは変わっていない

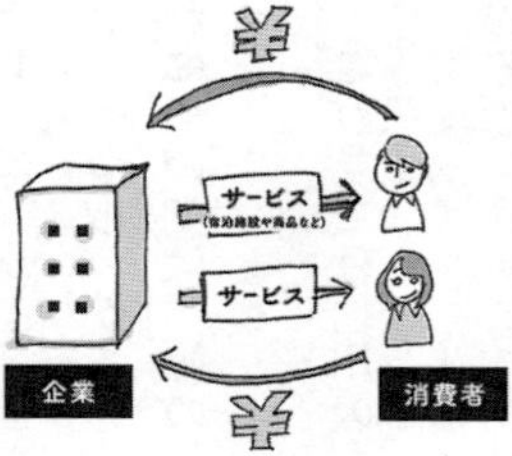

従来型のサービスモデル

一般的にひとつの企業が、宿泊施設や商品をまとめて管理し、消費者に販売・提供しています。利用者は、サービス提供者である企業に代金を支払っていました。

サービス提供モデルの変化

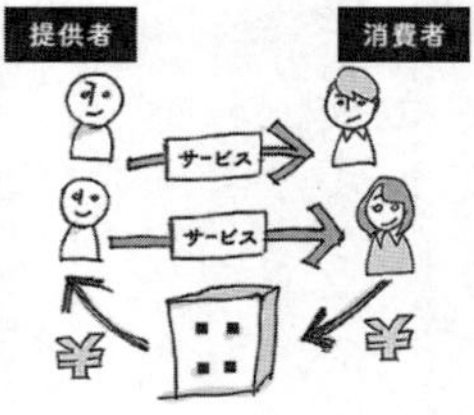

C2Cのサービスモデル

企業は、宿泊施設や商品などのサービス自体を管理せず、サービス提供者と消費者のマッチングだけを行います。サービス自体は、個人間で取引されますが、代金だけは企業を経由して支払われます。

しかし、これらもブロックチェーンがあれば、Uber や Airbnb などの「シェアリングエコノミー」サービスを成立させるために必要な利用者とサービス提供者による個人間の信頼構築やお金のやり取りができます。そこには、中央管理型の仲介者が存在しなくても可能です。これについては、後の章で詳しく解説します。

このように、これまでは信用のある第三者に中央管理をしてもらうことで、ビジネスの多くは成り立っていました。しかし、その一方で権力の集中による格差の拡大や中央管理による弊害も顕在化しています。

これと対になるコンセプト「分散化」を実現するブロックチェーン技術とは何なのか。次の章で見ていきましょう。

第2章

中央管理型から分散型へ

ブロックチェーンとは？

２００８年にサトシ・ナカモトの論文「Bitcoin: A Peer-to-Peer Electronic Cash System」によって発表されたビットコイン（Bitcoin）には、「ブロックチェーン」のもととなるアイデアが盛り込まれていました。

最初は、ビットコインを実現するための技術という位置づけだったブロックチェーンですが、現在では暗号通貨にとどまらず様々な領域への活用が進められています。

ブロックチェーンは、「分散化」という特徴を持っていると冒頭で述べましたが、あくまで抽象化した概念ですので、ここからは、より具体的にブロックチェーンを解説していきたいと思います。

ブロックチェーンは、分散型取引台帳（Distributed Ledger）とも呼ばれるとおり、「すべての取引（トランザクション）が記録された仮想的な台帳」です。

ここで言う、すべての取引とは、世界中で行われたビットコインの取引のことです。ビットコインは、２００９年から稼働していますが、その時から現在までの取引の内容がブロックチェーンには記録されています。

取引の内容とは、「２０１７年1月15日12時00分に、AというアドレスからBというアドレスへ０・５ＢＴＣが送金されました」といったものです。取引は、送金された時間順に10分単位で別々のブロックの中に記録されます。

ブロックとは、取引の内容を書いた紙を入れておく箱だと思ってください。ブロックの中には、10分間の間に行われた取引の内容が詰まっています。

そのブロックを時系列順に並べて、お互いをつないだものがブロックチェーンです。

電車の車両がつながっているのを想像してみてください。つまり、1車両目が２０１７年1月15日12時00分から12時10分の間の取引だとすると、2車両目は２０１７年1月15日12時10分から12時20分の間の取引、3車両目は２０１７年1月15日12時20分から12時30分の間の取引……というように取引の内容が時系列で連なっているのです。

ブロックにも番号が振られており、この番号が先ほどの例でいうと車両番号に当たります。それを「ブロックの高さ（Height）」と呼びます。

小さい番号のついている過去の取引をまとめたブロックほど前に、大きい番号のついた最新の取引ほど後ろに連なっていきます。

ブロックは時系列になっており、間に別のブロックが入ることはありません。必ず、その時の最新のブロックが一番うしろに追加されていきます。

このように取引内容のデータを約10分単位でいくつものブロックに分け、時系列順に連ねたものがブロックチェーンです。

次に分散型とはどういうことでしょうか。「分散型（Decentraized）」と対置されるのが、「集中型（Centralized）」ないし「中央集権型」という言葉です。

従来のサービスでは、そのほとんどが集中型のシステムで成り立っています。たとえば、Facebookではユーザーの投稿や写真はすべていったんFacebookの管理するサーバーにアップロードされ、そのサーバー内のデータをFacebookユーザーが参照することで、すべてのユーザーが同じデータを閲覧《えつらん》できるようになっています。

しかし、中央集権的な情報の管理の仕方のため、前章で述べたような、中央集権特有の問題を抱えています。

一方でブロックチェーンでは、複数のノードと呼ばれる人たちが同じ取引データ（ブロックチェーン）を分散して保有します。ノードとは、ブロックチェーンネットワークの維持に不可欠な存在であり、取引データの塊であるブロックチェーンを、自己の保有するコンピュータサーバー内で保有します。

複数のノードがブロックチェーンを保有しているため、ひとつのノードのブロックチェーンが消えてしまったとしても、他のノードが同じデータを持っていてネットワークとして維持することが可能です。

これがもし中央管理者によって一括管理されていると、中央管理者が保有しているデータが紛失してしまうことで、すべてのデータが失われてしまいます。分散型であれば、同じブロックチェーンを複数のノードが保有することで、別のノードが持つデータから復元が可能なのです。

つまり、ノードがいるからこそブロックチェーンのデータは失われずに保存されており、ノードがゼロにならない限り、データが完全に紛失することはありません。

次に、取引内容のデータをブロックに入れ、そのブロックをブロックチェーンの最後尾

中央管理型から分散型のブロックチェーンへ

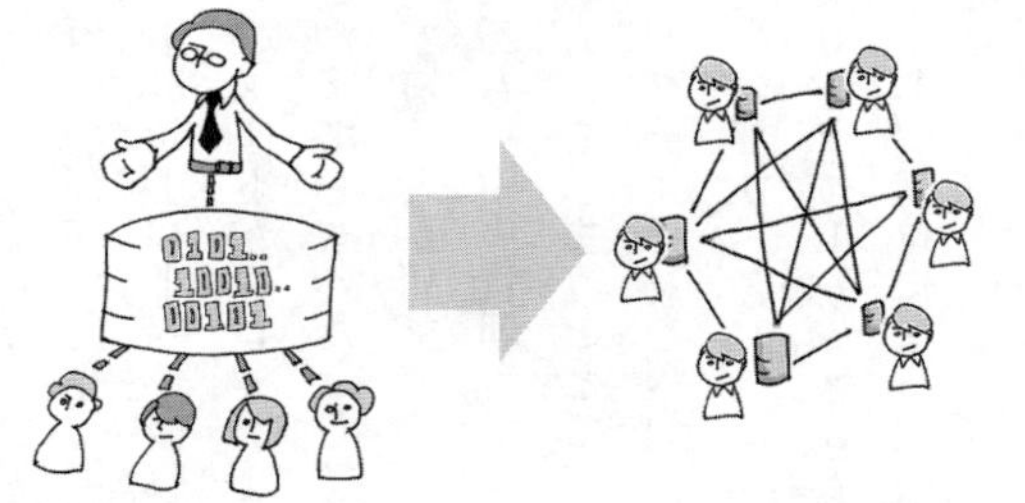

中央管理者が、すべてのデータを保有しており、利用者は、それを参照している。

ブロックチェーンネットワークに参加する複数のノードの管理者たちが、お互いにデータを分散して保有している。

に追加するという、一連のプロセスについてです。

このプロセスを、「マイニング」または承認作業と呼んでいます。このマイニングについては、詳しくは後述しますが、マイニングによって取引記録がブロックとして記録され、ブロックチェーンに絶えず追加され続けています。

前述したノードであれば誰でもこのマイニングに参加することが可能で、マイニングに参加するノードを「マイナー」と呼んでいます。

マイナーが、ひとつ以上存在すればブロックチェーンへのデータの追加は絶えず継続されます。つまりマイナーがいるからこそ、ブロックチェーンのデータが常に更新されるのです。

したがって、マイナーが少ない場合には、データ改ざんなどに対するセキュリティ面が不十分となる場合があります。


さて、ここまでブロックチェーンについて簡単に説明しました。

ブロックチェーンとは、ビットコインの取引内容を約10分単位でブロックとして小分けにして記録し、それらを時系列順に連ねていったものです。

そしてさらに、複数のノードが同じブロックチェーンのバックアップを分散して保有しているため、データが紛失することはありません。

より、詳細について見ていきましょう。

ブロックチェーンを支える3つの特徴

ブロックチェーンを支える3つの技術的な特徴として、ブロックチェーンの名前の由来でもある「特殊なデータ構造」と「公開鍵暗号方式」、そして「コンセンサスアルゴリズム」があります。

最初にブロックチェーンの名前の由来ともなっている、「特殊なデータ構造」について説明していきます。

ブロックチェーンは、ビットコインの場合約10分毎の取引内容のデータをひとつのブロックとしてまとめ、それらを時系列順に並べたものであると説明しました。

もう少し詳しく、どのようなデータが入っているのか見ていきましょう。

おさらいですが、ブロックの中には、世界中で行われたビットコインの取引のデータ（2017年1月10日17時15分に、Aさんが、Bさんへ1BTC送金した、など）がそれぞれ入

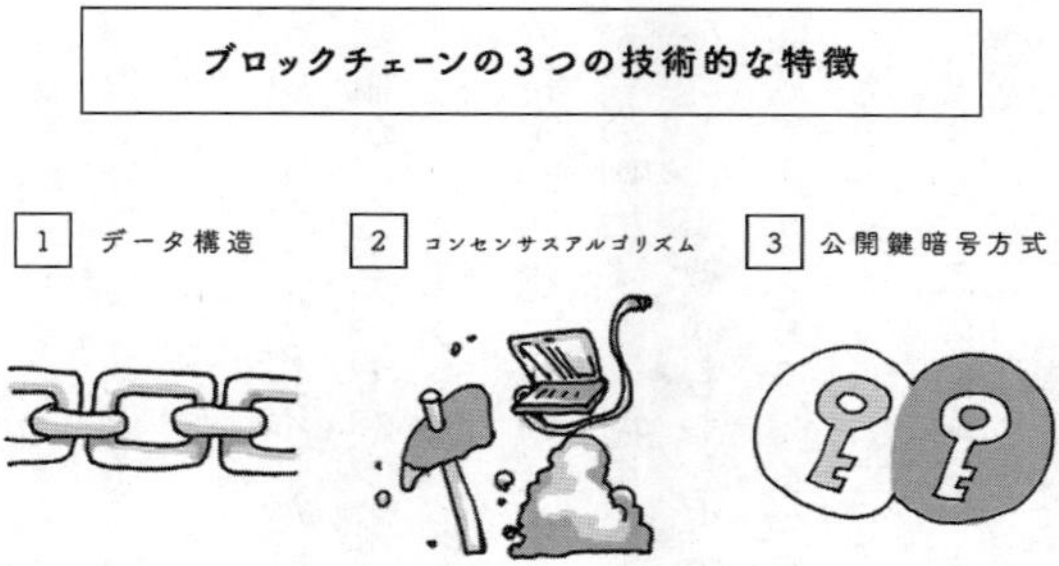

っています。そして、その前のブロックデータのハッシュ値、そしてナンスと呼ばれる数値が入っています。

まずここでハッシュ値について順を追って説明していきたいと思います。

皆さんご存じかもしれませんが、インターネット空間においてはテキストであっても画像であっても、すべてのデータは0と1の組み合わせで表現することができます。

つまり、あらゆるデータ（ファイル）は、ひとつの数値で表すことができます。例えば、「いぬ」の場合は「111000111000000110000100111000111000000110101100」となります（文字コードUTF－8の場合）、「ねこ」の場合は「111000111000000110101101111000111000000110010011」となります。これだとややこしいので、以下ではそれぞれ下4桁で表したいと思います。

いぬを「1100」、ねこを「0011」とします。

次にハッシュ値ですが、これはあるデータ（つまり数値）を、ハッシュ関数と呼ばれる関数で計算した結果を言います。

例えば、先ほどの「いぬ」に「5を掛ける」というハッシュ関数（実際はもっと複雑なものですが）を利用した場合、「5500」というハッシュ値に変換されます。ここでもとの数値が「1100」でハッシュ値が「5500」という数値となります。

ハッシュ値の特徴として、「ハッシュ値とハッシュ関数の内容がわかっていてもデータの特定が困難」ということがあります。

今の例ですと、簡単に「5を掛けている」とわかってしまうかもしれませんが、実際のハッシュ関数はもっと複雑なものです。例えば、ビットコインで利用されているハッシュ関数である「SHA-256」を利用して、「いぬ」のハッシュ値を求めると、「ac780dba391b7b189f56216d0db79c54492f36df4bc683447cfb8061ab645528」となります。

さすがにこの値から、もとのデータである「いぬ」を想像するのは難しいでしょう。

このハッシュ値は、データの完全性を確認するために利用されます。データの完全性と

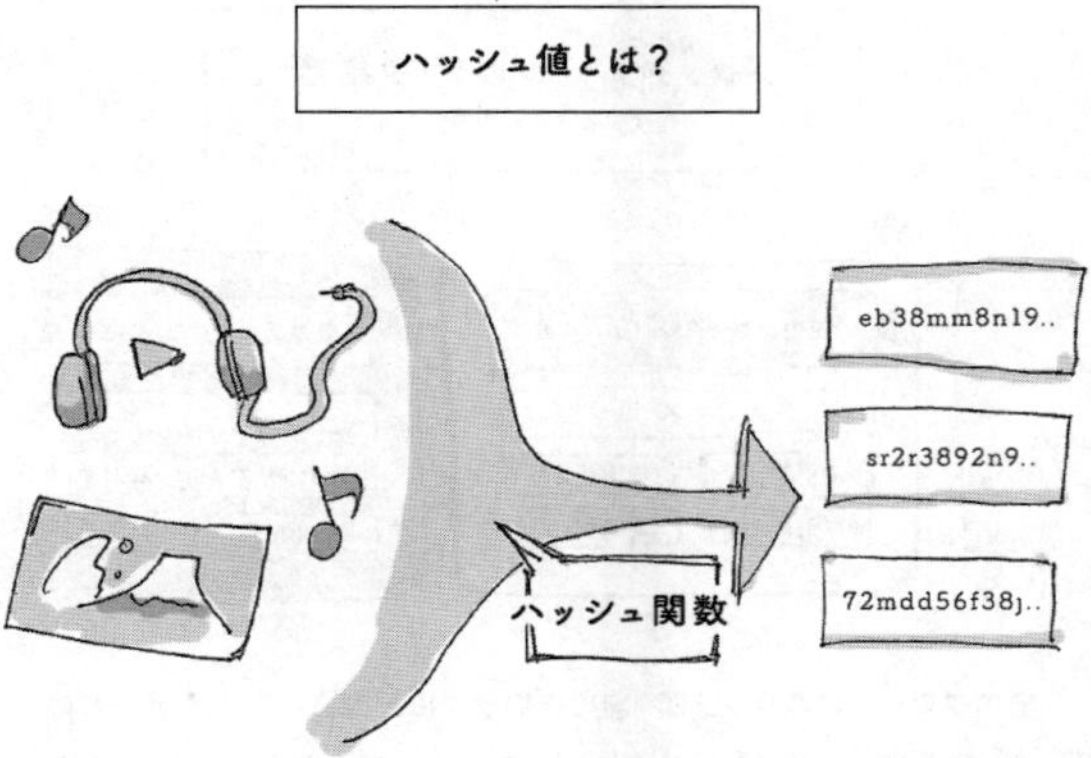

は、通信を行っている間で、データの改ざんが行われていないかを確認できるようにすることになります。

例えば、AさんからBさんに「ねこ」というテキストメッセージを送ったにも関わらず、途中で悪意のある者によって「ぬこ」に変更されてしまう可能性があります。

この際に、どのような方法で変更が起きたかを確認するかがポイントです。

ハッシュ値は、「異なるデータから同じハッシュ値が得られることは、ほとんどない」という特徴を持っています。

仮にもとのデータが改ざんされた場合は、そのデータをもとに計算されたハッシュ値も変わってしまいます。そのため、送られてきたデータのハ

ブロックチェーンのデータ構造
（ブロックの中身）

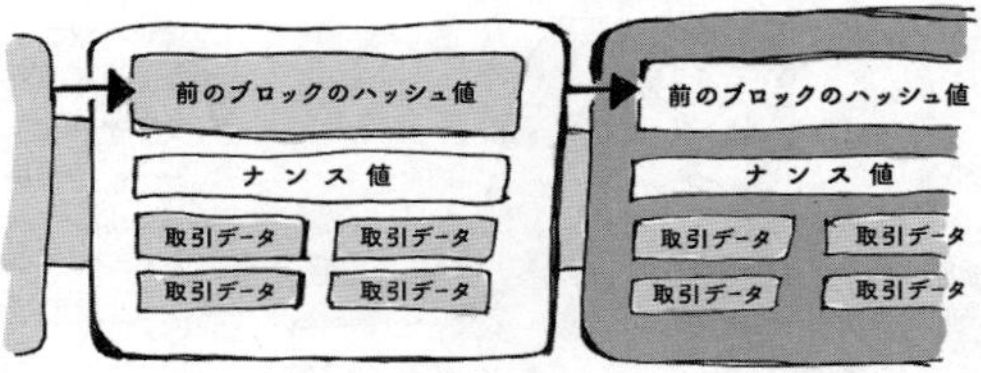

前のブロックのハッシュ値：前のブロックに記録されているデータのハッシュ値。前のブロック内のデータが少しでも変更されると、この値も変更される。
ナンス値：プルーフ・オブ・ワークにより導かれるハッシュ値。取引データ：「2017年1月15日12時00分に、AというアドレスからBというアドレスへ0.5BTCが送金されました」といった内容。

ッシュ値と同じかどうかを確認すれば改ざんがされたかを確認できます。

ハッシュ値の性質については、ご理解いただけたでしょうか。

ブロックは取引データやその他のデータがまとまっているものですが、これもひとつの数値で表すことができ、それにハッシュ関数をかけることで、一意のハッシュ値を得ることができます。これが、前のブロックのハッシュ値です。

もし、仮に前のブロックに含まれるデータが、少しでも変更されるとハッシュ値自体も変わってしまいます。

ここで注目していただきたいのが、前のブロックのハッシュ値が、それぞれのブロックに入っており、入れ子の関係になっているところです。

したがって、これらの値は、ブロックの中身が変更されると、それに伴って値も変更されます。

つまり、前のブロックのデータが変更されると次のブロックに含まれているハッシュ値の値も変わってしまい、そのブロック自体のデータも変わるため、さらには次の次のブロックに含まれるハッシュ値も変わるということがご理解いただけるでしょうか。

このように、あるブロックのデータを変更するとその後のブロックすべてのハッシュ値が変わってしまうのです。それぞれのブロックのデータが、相互に作用し連鎖した構造となっているので、ブロックチェーンという名前の由来になったのです。

ブロックの生成とコンセンサスアルゴリズム

ブロックに含まれるデータの中身とブロックチェーン全体の構造については、ご理解いただけたでしょうか。

さて、ノードが先ほどの説明のようなデータ構造を持つ、取引台帳としてのブロックチェーンを保有していることは前述した通りです。

では、最新のブロックを生成してそれをブロックチェーンに追加し、すべてのノードに共有する作業を誰が行うのでしょうか？　このような一連のプロセスを「マイニング」と呼んでおり、ノードはこのマイニングに参加できます。そしてマイニングを行うノードを、「マイナー」と呼びます。

ブロックチェーンネットワークには中央管理者が存在しないので、特定のマイナーが常に行うというわけではありません。

しかし、複数人がバラバラにブロックを生成し、ブロックチェーンに追加していくとこれも困ります。誰もが自由に行えるようにすると、1章で出てきた靴箱の例のように、やはり問題が起きてしまいます。

マイナー間で誰が新しいブロックを生成するかを決める、つまりコンセンサスを得る必要があります。このコンセンサスを得る方法を「コンセンサスアルゴリズム」と呼んでいます。

ビットコインやその他の多くの暗号通貨では、「プルーフ・オブ・ワーク（Proof of Work）」と呼ばれるコンセンサスアルゴリズムを利用しています。

プルーフ・オブ・ワークとは？

プルーフ・オブ・ワークとは、直訳すると「仕事の証明」ですが、確かにその名の通りのことを各マイナーは行います。プルーフ・オブ・ワークを用いたコンセンサスでは、新規ブロックのハッシュ値は、あらかじめプログラムによって設定された数の0が頭に並ぶ必要があります。実際にビットコインブロックチェーンのブロックのハッシュ値は、

プルーフオブワーク

「0000000000000000125385 5be89538357a6eb7f937299a45872a47111c6997c」のようになっています。

このような値になるようにブロック内のデータを調整する必要があり、この調整に利用されるのが、「ナンス値」です。

ハッシュ値の特徴として、ハッシュ値からもとのデータの内容を予測することが困難なため、条件を満たすナンス値をピンポイントで見つけることが非常に困難です。そのため、一つひとつの数値を総当り的に試していくしかありません。

コンピュータによる膨大な計算を行うため、マシンパワー（CPU）が高いほど速くマイニングを行うことができます。そして一番はじめにナンス値を見つけたマイナーが、見つけ出したナンス値をブロックに入れて、ブロックの生成を行うことができます。

ブロックを生成してブロックチェーンに追加したマイナーは、自分以外のマイナーの持っているブロックチェーンにも生成したブロックを追加するように依頼を行っていきます。

惜しくもナンス値を見つける競争に遅れを取ってしまったマイナーは、マイニングに成功したマイナーより受け取ったブロックが正しいかを確認します。ブロックのデータにハッシュ関数を掛けて一定数の0が並んでいるかを確認するだけですので、ナンス値を探すよりもはるかに簡単な作業です。

このように他のマイナーたちによって確認がなされていき、全マイナーの過半数が正しいブロックであると承認すれば正式に新規ブロックとされ、次のブロックの生成がはじまります。

ここまでの一連の作業が、ビットコインの場合は約10分おきに行われています。

マイナーは、どうしてマイニングを行うのか？

ブロックを生成するマイナーを決めるプルーフ・オブ・ワークというコンセンサスアルゴリズムおよびそれら一連のマイニング作業について解説しました。

では、どうしてマイナーは、この手間のかかるマイニングを行うのでしょうか。その理由として、ブロックの生成に成功したマイナーには、報酬としてビットコインが支払われるからです。

初期は、ブロックを生成する度に50ＢＴＣ（２０１６年４月段階のレートで約６００万円相当）の報酬がマイナーへ支払われていました。しかしビットコインの場合、マイニング報酬が約４年おきに「半減期」を迎えるよう設定されており、２０１６年夏には25ＢＴＣから12・５ＢＴＣに半減しました。最終的には、２１４０年頃にマイニング報酬が０ＢＴＣとなります。

報酬が無くなると、マイナーがマイニングをやめてしまう恐れがありますが、マイナーの受け取れる報酬がもうひとつ存在します。

それは、ビットコインを送金する際に利用者が支払う手数料です。この手数料もマイナーの報酬となりますので、手数料の金額によっては、引き続きマイニングに参加するマイナーは存在するでしょう。

ブロックチェーンは、安全か？

さて、このブロックチェーンですが、悪意のある人間によってハッキングされ、データを改ざんされることはないのでしょうか。

仮に、あるブロックの中にある取引データを変更したとします。そうすると、前述したブロックチェーンのデータ構造の特性上、その他のブロックのデータも変わってしまいます。そうなるとブロックのハッシュ値も変わってしまうため、一定数の0が並ばなくてはいけないというルールを破ってしまうことになります。

ルールを破っているブロックを、マイナーは正しいブロックとして承認しないので、ナンス値を調整してブロックのハッシュ値をルールに合うようにしなければなりません。

つまり、ひとつのデータを変更するということは、その後ろのブロック、つまり最新のブロックまでのすべてのマイニングを1から行わなくてはいけません。

最新のブロックまでマイニングをやり直して、はじめて他のマイナーたちに承認され、それがマイナーの過半数を超えたところで、その改ざんされたブロックチェーンが正しいものとされるわけです。

しかも、その間でも他のマイナーたちは新規ブロックの生成をし続けているので、追いつくのは至難の業です。


とはいえ、それでも改ざんの可能性は存在します。世界中のマイナーのマシンパワーの51パーセントを上回るマイナーが現れると、ブロックの生成がそのマイナーによって独占されてしまう「51パーセント攻撃（51パーセントアタック）」があります。

しかし、例えばひとつのマイナーが、ビットコインのブロックチェーンネットワークにおける51パーセント以上のマシンパワーを得て、不正な取引を行ったデータの改ざんを行うとすると、利用者からのビットコイン自体への信用がなくなってしまうでしょう。

そうなると、誰もビットコインを利用する人がいなくなってしまい、マイニングをすることによって得たビットコイン、ないしは改ざんしたこと自体が無意味になってしまう可能性があります。

こういった理由から、わざわざマシンパワーを増大させてブロックチェーンの改ざんを行うメリットが低くなっています。

そんなことをするくらいであれば、通常通りマイニングに参加し、報酬としてビットコインを得ていたほうが、経済合理性があります。

このような理由から、特定の管理者を置かずともデータの不正や改ざんなく正しいブロックが更新され、各マイナー（ノード）にブロックチェーンが共有されているのです。

複数のコンセンサスアルゴリズムが存在

ここまでは、ビットコインのコンセンサスアルゴリズムである「プルーフ・オブ・ワーク」について見てきました。

プルーフ・オブ・ワークは、仕組み上コンピューターに膨大な計算をさせるため、多くの電力を消費してしまいます。そのため電力の安い中国などで、マイニングでの計算に特化したコンピュータサーバーを多数設置した「マイニングプール」と呼ばれるものが多く設立されています。

実際、ビットコインのマイニングの大半が中国のマイナーによって行われています。このような計算を行うために電力消費がかかることや、その結果マイナーに偏《かたよ》りが出るという点が、非効率なのではないかとプルーフ・オブ・ワーク以外のコンセンサスアルゴリズムの研究がされています。

ひとつ目は、プルーフ・オブ・ステークです。プルーフ・オブ・ステークでは、より多

コンセンサスアルゴリズムの種類

PoW

Proof of Work

マイナーが、膨大の計算を行いナンス値を探し、最初に見つけたマイナーがマイニングを行います。

PoS

Proof of Stake

より多くの通貨を持っているマイナーが、マイニングしやすい。

DPoS

Delegate PoS

ネットワークの参加者による投票で選ばれたマイナーが代表してマイニングを行います。

PoI

Proof of Inportance

マイニングを行うマイナーを評価付けし、評価の高いマイナーがよりマイニングしやすくする。

くの通貨を持っているマイナーが、マイニングが行いやすく設定されています。

次にDelegated Proof of Stake（DPoS）があります。DPoSは、ネットワークの参加者による投票で選ばれたマイナーが代表してマイニングを行います。

最後に、プルーフ・オブ・インポータンスというものもあります。これは、マイニングを行うマイナーを評価付けし、評価の高いマイナーがよりマイニングをしやすくするというものです。

正確性を担保する公開鍵暗号方式とは？

ここまでブロックのデータ構造やブロック生成のプロセスの解説によって、中央管理者がおらずともデータの更新から共有までが、安全かつ自動的に行われていくことがご理解いただけたでしょうか。

次に、それぞれのブロックに入る取引のデータが、どのように生成されるかを見ていきたいと思います。

一つひとつの取引データの内容は、「２０１７年1月15日12時00分に、Aというアドレスから B というアドレスへ０・５ＢＴＣが送金されました」といったものです。ここで重要なのは、本当にAさんが送金したのか、また本当にAさんの所有する暗号通貨を送金したのかという点です。

この問題の解決のために、ブロックチェーンでは、インターネットサイトの閲覧においても用いられる「公開鍵暗号方式」と呼ばれる技術を利用しています。

公開鍵暗号方式とは、インターネット通信を行う際の、データの機密性および真正性を担保するために利用されています。

データの機密性とは、データの中身を読み取れないようにすることで、データの真正性とは、送信者が正しいかを確認できるようにすることです。

公開鍵暗号方式では、自分だけが知っている「秘密鍵（プライベートキー）」と、外部に

公開鍵暗号方式とは？

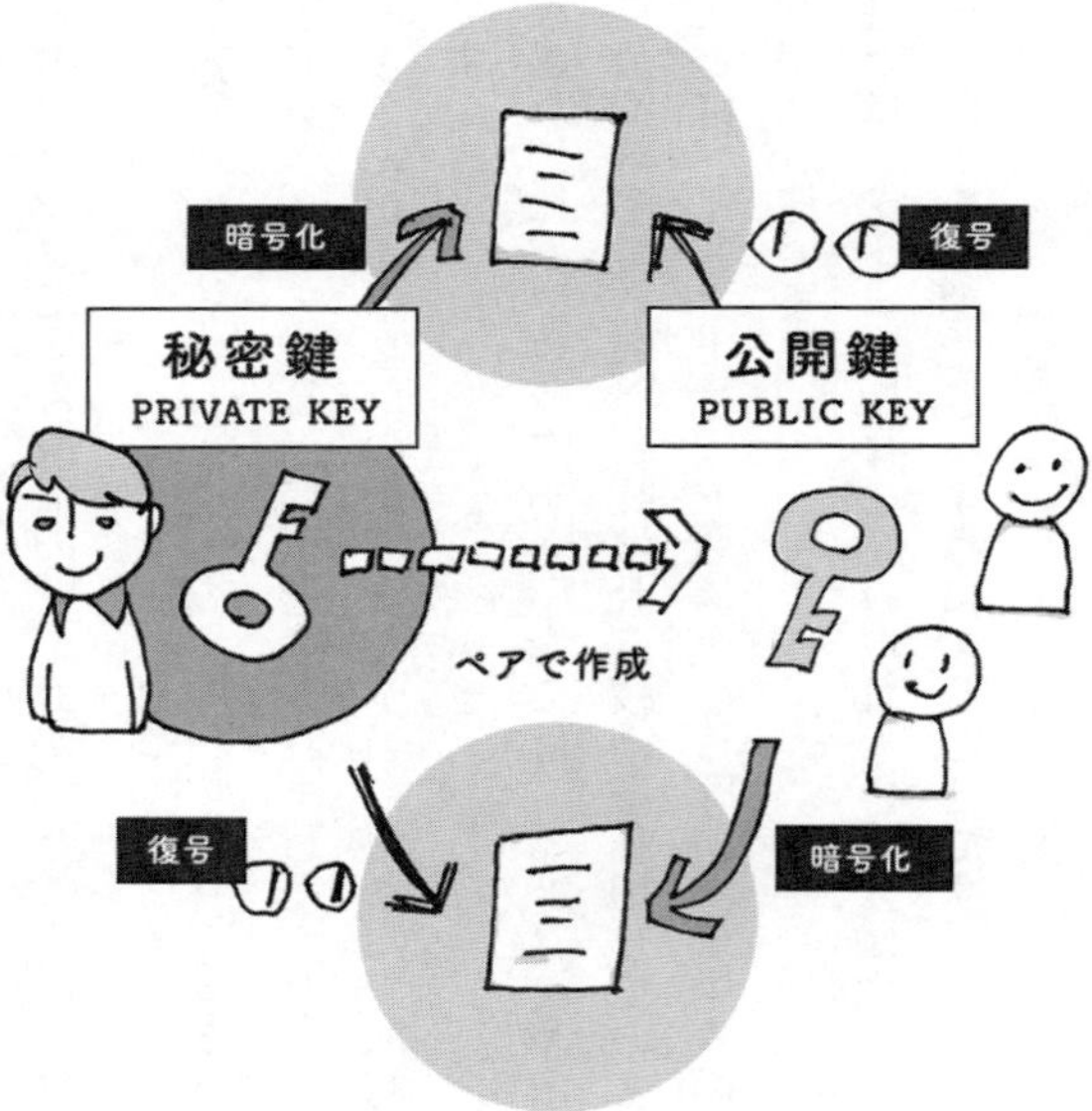

「秘密鍵」は、自分だけが持っているべきもの。「公開鍵」は、自分以外の人に教えてもいいものです。秘密鍵で暗号化したものは、そのペアとなる公開鍵でしか復号できません。その反対に、公開鍵で暗号化したものは、そのペアとなる秘密鍵でしか復号できません。

公開している「公開鍵（パブリックキー）」というペアの暗号鍵があります。

公開鍵は、秘密鍵をもとに生成されますが、公開鍵から秘密鍵を知ることはできません。ハッシュ値とそのもとのデータの関係に似ています。実はその通りで、ここにもハッシュ関数が利用されています。

この鍵を用いて、データの暗号化を行うことができます。このときの暗号化とは、もとのデータをハッシュ関数にかけて、解読の難しい英数字の文字列にすることだと思ってください。

ここで秘密鍵によって暗号化されたデータは、公開鍵で復号ができますが、公開鍵によって暗号化された内容は秘密鍵を持っている者だけしか閲覧することができません。

暗号化されたデータを、もとのデータに戻すことを復号化と呼んでいます。

さて、田中さんという人が、暗号通貨を誰かに送金したいとしましょう。まず、送金者である田中さんは、自分の秘密鍵を用いて取引の内容を暗号化します。そうして暗号化された取引の内容を、ブロックに入れてもらうために送信します。これを「ブロードキャスト」と呼びます。

暗号通貨の送金の流れ

この時、暗号化された取引の内容は、田中さんの公開鍵でしか復号できません。逆に言うと、田中さんの公開鍵で復号し、取引内容を確認できるということは、確実に田中さんが送信したものだと断定できます。

ブロードキャストされた取引データを受け取ったマイナーは、田中さんの公開鍵で取引内容を復号することで、田中さんが行ったものだと確認できてから、ブロックの中に記録していきます。

その後のフローは、これまでに説明した通りです。

この例のように、送信された内容が確実に田中さんが行ったと証明する手段を「デジタル署名」と呼んでいます。

暗号通貨の送金の場合に、「電子署名する（デジタル・シグネチャー）」というのは、取引内容を自分の秘密鍵で暗号化することと同義と言えます。この電子署名は、銀行を利用しての送金の際に行う、書面への印鑑およびサインでの本人確認にたとえることができるでしょう。

所有している暗号通貨を送金できるのは、電子署名が正しく行われた時だけです。

それはつまり、電子署名ができる（＝秘密鍵を所有している）ことが、暗号通貨の所有の証明とも言えるわけです。

まさに、秘密鍵は銀行印のような存在ですので、大切に保管することが重要です。

秘密鍵とはデジタルデータですので、実際は、「5937845929966acf30f407fbdejd15baed1d69fd23wne6ee1af66ce32571efddeeff」のような文字列です。

そのため、物理的に存在する銀行印よりも管理がしにくい上、もしインターネット上で公開してしまうとコピーをされ、不正に電子署名が行われて暗号通貨を送金されてしまうかもしれません。

暗号通貨を保有されている方は、秘密鍵の管理をしっかりと行われたほうが、賢明でしょう。

このように、取引内容に対して電子署名を行うという方法を取ることで、正しい暗号通貨の所有者だけが送金を行える仕組みを担保しています。

したがって、勝手に他人の持つお金を送金することはできません。

エスクロー取引を自動化する送金手段

暗号通貨を送金する際の電子署名について解説しました。

ビットコインを送金する際には、ひとつの電子署名で送金ができるのですが、ここで必要とされる署名の数を複数にすることもできます。

そういった送金手段のことを「マルチシグネチャー」と呼びます。不正取引の防止などセキュリティ向上に用いられる送金手段です。

例えば、送金の際に3つの署名を必要とするとします。そうすると2つの署名では足り

マルチシグネチャーの仕組み

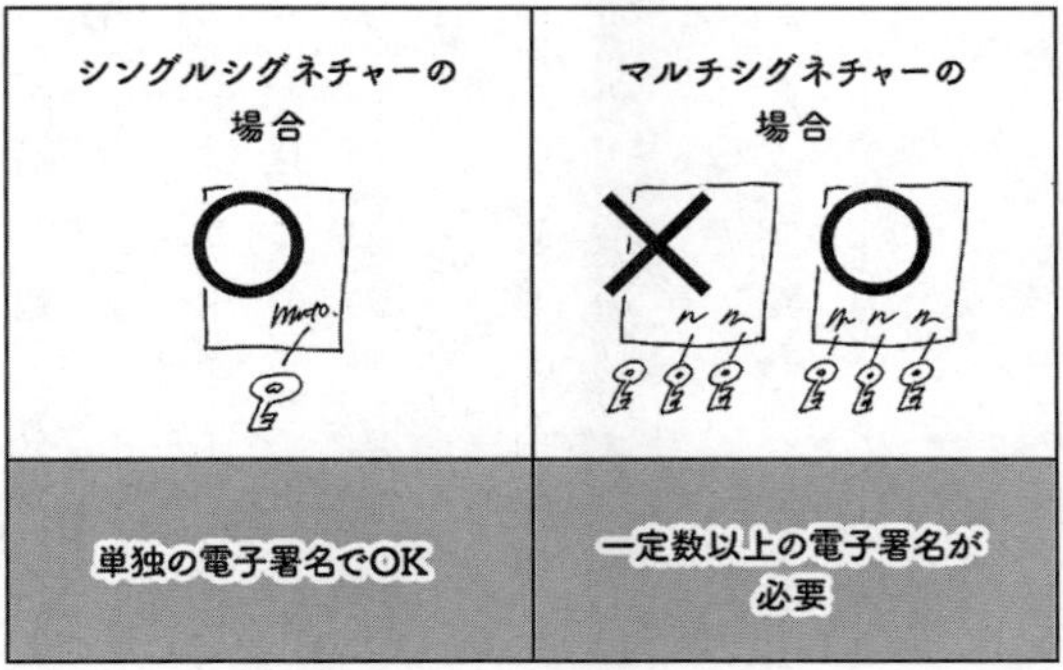

ず、3つの署名がないと送金を行うことができませんん。

この署名を行うための鍵ですが、複数人が分けて管理することも可能です。分けて管理することで、仲介業者が一時的に代金を預かるエスクロー型の代金支払いをブロックチェーン上で中央管理者なしに実現することができます。

ネット上で商品の売買を行うことを想像してみましょう。売り手と買い手、そしてそのマッチングを行うサービスの運営者がいるとします。

まず売買が成立すると、運営者が、買い手から売り手への代金分のビットコインの送金依頼に、保有する鍵で署名を行います。

この時点では、署名が揃っていないので送金はまだ行われません。売り手は、商品の発送を行った段階で、鍵で署名を行います。そして、買い手は、商品が無事に手元に届いた段階で署名を行います。

署名が揃った送金依頼がビットコインネットワークにて処理され、自動的に売り手にビットコインが送金されます。

このように運営者の行う売買のマッチングと送金依頼を自動化することで、実質的に中央管理者なしに、従来型のエスクロー取引を行うことが可能です。

もちろん、届いた商品が粗悪品であった場合や、配送先を間違えたといった人的ミスの対応について、従来通りカスタマーサポートは必要になるかもしれません。

このような支払いのエスクロー取引は、すでに多くのサービスで行われていますが、ブロックチェーンによりスリム化できることは、大きなメリットがあるでしょう。

パブリックチェーンとプライベートチェーン

本書でのブロックチェーンとは、パブリックチェーンのことを指して話をしているのは冒頭で述べた通りです。

しかしブロックチェーンの今後の発展において、プライベートチェーンが重要な役割を果たす可能性もあります。ここでは、簡単にプライベートチェーンについても触れておきたいと思います。

プライベートチェーンの代表例としては、国内ですとbitFlyerの「miyabi」、テックビューロの「mijin」などが挙げられます。

プライベートチェーンとは何か？　パブリックチェーンとの比較から見てみましょう。

まず、パブリック型には管理者はいませんが、プライベート型にはそのブロックチェーンを管理する管理者が存在することが一番の違いと言えます。

そしてパブリック型の場合は、誰もがブロックチェーンのマイニングを行うマイナーと

パブリックチェーンとプライベートチェーンの違い

	パブリック型	プライベート型
管理者	なし	単独企業
ネットワークへの参加	自由	許可制
承認作業	必要	任意

なれますが、プライベート型では管理者の許可を受けたものだけが、マイナーとなれます。

そしてパブリック型においては、コンセンサスアルゴリズムにおける承認作業がありますが、プライベート型においては必ずしも必要ではありません。

このようにプライベート型の場合は、パブリック型に比べて分散化されておらず、ブロックチェーンの分散化という観点では、少々メリットに欠けるでしょう。

しかし、プライベート型独自のメリットもあります。パブリック型の場合は、ブロックチェーンの仕様変更を行う際に、マイナーの賛同が必要ですが、プライベート型の場合は管理者の決定で自由に変更を行うことが可能です。そのため、より柔軟なシステムの構築ができるでしょう。

加えてプライベート型の場合は、新しい技術の検証などがしやすいため、プライベート型で実証したものをパブリック型に移行するといった利用の仕方もあるでしょう。

またプライベート型の中でも、管理者が単一の場合と複数の場合があり、後者は「コンソーシアム型」とも呼ばれています。

コンソーシアム型としては、米アクセンチュア、富士通、日立製作所なども参画する「Hyoperledger」、プロジェクト内の米ＩＢＭ主導の「Fabric」やＮＴＴデータとソラミツ主導の「Iroha」、日本の３大メガバンク（三菱東京ＵＦＪ・みずほ・三井住友）が参画している、Ｒ３コンソーシアムの「Corda」が代表的です。

Ｒ３コンソーシアムを例に取ると、これはブロックチェーンシステムを利用して、既存の金融機関のためにコスト削減を図ろうという団体です。

具体的には「Corda」と呼ばれるオープンソースのブロックチェーンを開発することで、銀行業務のすべてを包括し、送金手数料を安くしたり、送金時間の短縮の実現を目指しています。

こういったコンソーシアム型の場合は、プライベート型でありながら大規模なネットワークを構築できるメリットがあるので、分散型台帳としての恩恵を十分に受けることができるでしょう。

このように中央管理者を不要とする分散型とは異なる、プライベート型の場合でも、活用方法によっては大きなメリットを生み出すことが可能なので、独自の進化を遂げていくことが期待できます。

しばしば、パブリックチェーンとプライベートチェーンのどちらが優れているかといった議論が起きてしまうことがありますが、そもそも優劣の問題ではなく、活かせる領域が異なるということです。

したがって今後は、それぞれがどの領域や活用方法が向いているのかを議論していくことが必要になってくるでしょう。

第3章

発行主体のいない暗号通貨「ビットコイン」

通貨と貨幣

新しい通貨であるビットコインを考える前に、これまでの通貨の歴史を紐解いてみたいと思います。それにより、ビットコインをはじめとする暗号通貨（仮想通貨とも呼ぶ）が、いかに革新的なものかを感じていただけると思います。

ここで改めて通貨と貨幣について考えてみたいと思います。「通貨」とは、国内あるいは特定の範囲で流通および決済手段としての機能を果たす貨幣のことです。

円やドルといった、国内であれば共通して利用できる法定通貨や、特定の地域でのみ利用できる地域通貨などがあります。

では、貨幣はどうでしょうか。貨幣には、大きく分けて

（1）価値の尺度
（2）決済手段
（3）価値保存

貨幣の3つの機能

1　価値尺度

モノの価値を測る
基準となること

2　決済手段

貨幣とモノやサービスを
交換できること

3　価値保存

将来に備えて価値を
蓄えておけること

という3つの役割があります。

貨幣は、モノの価値をはかる基準として使われています。国内においては、円によって、モノの価値を比較したり、判断したりすることができます。これが、貨幣の「価値の尺度」としての役割です。

資本主義においては、貨幣によってあらゆるモノ・サービスを享受することとなりますので、人の判断に深く根付いているとも言えます。

これが物々交換の時代には、お互いの品物が等価値でないと交換できませんでした。しかし、貨幣を使うことで、いつでも好きな品物と交換したり、決済したりできるようになったわけです。

このように、貨幣は、モノとモノとの交換を媒介しています。これが、貨幣の「決済手段」としての役割です。

また、貨幣は貯蓄することで、将来に備えてお金の価値をたくわえることができます。貯めておけば、いつでも好きなときにモノと交換することができます。たくさん貯めておけば、高価なモノと交換することもできます。

このように、商品を購入せずに貯めておける貨幣のことを「貯蔵貨幣」と言います。これが、貨幣の「価値保存」としての役割です。


次に、貨幣の形態の変遷についても触れておきたいと思います。

はるか昔の、まだ貨幣が存在しなかった時代には、人々は物々交換で品物のやりとりをしていました。

物々交換とは、自分が所有する品物と、他人が所有する品物とをお互いに取りかえることです。人類にとって、はじめて行われた経済取引だと考えられています。

しかし、物々交換は、あまり便利な方法ではありませんでした。交換する品物が偶然に同じ価値であればよいのですが、あまりにもその価値が離れていると、交換が成り立ちません。

また、交換したい商品がうまく合う人を見つけるのも大変でした。そこで、交換できる共通の物として生まれたのが「貨幣」です。

時の経過とともに腐ってしまう食べ物や、壊れやすい消耗品などは、通貨として不都合です。

そこで、当初は、貝殻・石・布・米などが通貨として使われました。これを、物品貨幣と言います。江戸時代においても、各藩が幕府に米を納めるなど、長らく利用されてきた貨幣の形態です。

さらに、物品貨幣は、貨幣の素材によって、自然貨幣と商品貨幣に分けられます。まず、貝殻・石・骨などの、自然のものを素材としたものを自然貨幣と言います。自然貨幣は、宗教や呪術を背景としたもので、貨幣そのものに価値はなく、通貨として使うには無理がありました。

次に、布・米・家畜・穀物などが貨幣として使われるようになりました。商品そのものを貨幣として使ったため、商品貨幣と呼ばれています。しかし、商品貨幣は持ち運びが不便であったことから、金属貨幣（金貨、銀貨、銅貨など）へと移行していきます。

金属貨幣は、秤量《ひょうりょう》貨幣と鋳造《ちゅうぞう》貨幣に分けることができます。秤量貨幣は、金属を重さで量って貨幣として使用したものです。一方で、鋳造貨幣は、金貨の価値とは関係なく信用貨幣としての性質を持っています。

信用貨幣とは、管理通貨制度の下で発行される、金貨との交換を保証しない貨幣のことです。

国の信用で流通するお金なので、信用貨幣と言います。日本の昔の鋳造貨幣としては、8世紀初頭に生まれた「和同開珎《わどうかいちん》」や、7世紀後半のものと推測される「富本銭《ふほんせん》」があります。

その後、日本の貨幣制度は、明治時代に入って大きな変革期を迎えました。金属貨幣にかわって紙幣が通貨の主役となったのです。

兌換《だかん》紙幣とは、同額の金貨や銀貨に交換することを約束した紙幣です。しかし、経済が急速に発展すると、金や銀の生産量が追いつかなくなり、兌換紙幣の流通を保持することが難しくなります。その後、金の輸出の禁止し、事実上、金本位性ではなくなった流れを受け、1942（昭和17）年に日本銀行法が制定され、兌換義務のない不換紙幣が発行できるようになりました。

この法律により、日本の通貨制度は、金本位制度から管理通貨制度へ移行することとなります。管理通貨制度とは、通貨当局が政策的に通貨の供給量を管理・調節することができる制度です。

管理通貨制度を通して、貨幣は、国が管理を行うものとなっていったのです。

中央管理されてきた貨幣とその弊害

ここで重要になってくるのは、貨幣を扱う際に、貨幣を渡す相手を信じるのでなく、次に自分がお金を受け渡す、相手がそれを信じるかどうかです。

貨幣を受け取ろうとしている相手が、それがただの紙切れでしかないと知ったら、受け取りを拒むでしょう。そうなると、貨幣と商品を交換するといった決済手段としての機能が果たされなくなります。

さて、このときにもっとも重要なことはなんでしょうか？

まず、その貨幣が本物であること、次にその貨幣に、その人にとって使い途があることです。

偽物である場合、そもそも（1）価値の尺度と（3）価値保存の機能を果たしていません。仮に（1）と（3）を満たしていても、（2）決済手段の範囲が小さいと利用されないでしょう。

例えば、海外で外国の商人に日本円で支払いたいといっても、その国の通貨で支払ってくれと言われるといったケースです。

現地では、日本円を持っていても、パンも水も買えないのでもらいたくないわけです。

逆に、日本円が多く流通している場所などでは、たとえ海外でも日本円で支払いができたりすることも稀に起こり得ます。

このように貨幣とは、次に貨幣を受け取る人が、価値があると信じることの連鎖によっ

貨幣は、次に受け取る人が、価値があると信じることによって成り立ちます。価値があるとは、貨幣の持つ機能を十分に果たすものかということ

て成り立っています。

この連鎖がどうして成り立っているかです。法定通貨の場合においては、その本質は借金です。

日本銀行が発行する日本銀行券ですが、これは日本銀行の借金とみることができます。日本銀行が借金、つまりは最終的には返してもらえる前提のお金を発行することで、貨幣は機能しているのです。

先ほど、貨幣は次に貨幣を受け取る人が、価値があると信じるかの連鎖で成り立っていると言いました。

したがってここでは、次に受け取る人は、日本銀行がこの借金を最後は返してくれると信じることによって、常に一定の価値を感じることができるのです。

ということは、貨幣とは、あらかじめ資産がなければ発行できない代物である、となってしまいます。

そう考えると、現在の貨幣という仕組みは、いささか不平等かもしれません。

前述のように各国の通貨である法定通貨は、各国の中央管理者（日本においては、日本銀行）が貨幣を管理することで、成り立っています。

そのため、法定通貨とは当然ながら国（＝中央管理者）による縛りを受けやすい性質を持っています。例えば、基本的には、日本円は日本国内でしか利用できません。また国内情勢が悪化した際には、該当通貨のレートが下がります。

その他にも、自国の経済をコントロールするために中央管理者は、通貨の供給量を調整することができます。

一般的には通貨の供給量を調整するのは、景気を良くする意図で行うのですが、いくら専門家たちが頭をひねったとはいえ、人間がやることですから、失敗することもあり得ます。その結果、通貨の価値が暴落してしまうこともしばしばです。最悪、通貨が破綻するといったことさえも起こり得るわけです。

実際にジンバブエドルなどは、驚異的なインフレを経験した結果、廃止となってしまいました。

このように中央管理者がいるということは、カウンターパーティリスクを内包しているため、最悪のケースというものは常に存在します。

その一方で、通貨の供給量を調整することにより、景気の回復を行うといったことができるメリットもあるということです。

これは、個々人の力では到底難しいので、大きな中央管理者がそういったことを行うのは、理に適っているとも言えるでしょう。

グローバルな決済手段VISA、Master、PayPalの登場

これまで通貨は、国内での流通が主でした。それは、前述の貨幣が機能するための条件で触れた通りです。

しかし、貨幣ではなく「信用で取引をするクレジットカード」という新たな決済が誕生しました。

20世紀半ば、とあるアメリカの実業家がレストランで食事をしたが、財布を自宅に忘れていることに気がつきました。十分な支払い能力があるのにもかかわらず、支払いができない。そんな恥ずかしい体験から、現金を持たなくても支払いができる制度を考え出したのが、クレジットカードの誕生と言われています。

クレジットカードの誕生は、人々を貨幣から解放させ、より自由な取引を可能としました。次々と新しいクレジットカードが発行され、消費額は飛躍的に上昇しました。これにより、世界中の経済が高成長を遂げていくことになったのです。

こうした時代背景と共に、より信用というものが、お金と密接に結びつくようになってきたのです。

VISAやMasterといった国際的な大企業のおかげで、国という枠組みをこえての決済が可能になりました。

先ほど、海外では日本円を使えないという話をしましたが、VISAやMasterのブランドマークがついたクレジットカードであれば、加盟店で決済が可能です。

そして、さらにそれらを束ねたのがPayPalです。しかしVISAやMaster、PayPalは新しい決済手段は作りましたが、新しい通貨は作りませんでした。それらの新しい仕組みもまた、昔ながらの貨幣やシステムの上に成り立ってきたのです。

管理者のいない通貨、ビットコインの誕生へ

ここで21世紀になって登場したのが、ビットコインをはじめとする暗号通貨です。

ビットコインとは、一言で言えばインターネットさえあれば、世界のどこでも使える電子マネーのことです。

これまでの電子マネーと比べても、そして、これまでの通貨と比べても大きく異なる最大の特徴は、管理主体がいないということです。

法定通貨の場合、発行しているのは前述の通り中央銀行であり、金融政策を通じて法定

通貨の発行量（マネタリーベース）を管理しています。

それにより、為替相場や物価をあるべき水準に合わせ調整しています。これは見方を変えれば、「中央銀行が政策的に法定通貨の価値を調整することができる」と言うことです。また、電子マネーも、発行を行う企業が存在します。その価値はもちろん発行企業が決めることが可能なのです。

一方でビットコインは「発行主体が存在しない」ので、すでに決められたプログラムに従って自動的に発行されています。

ビットコインは、ブロックチェーンのコンセンサスアルゴリズムの仕組みの中で自動的に発行が行われています。

初期は、50ＢＴＣずつが毎回のブロック生成時に発行されていましたが、４年毎に半減期というものを向かえ、半減していきます。最終的には、２１４０年頃に発行上限の２１００万ＢＴＣに達し、その後ビットコインは新規発行されません。

このように、ビットコインは発行主体が存在せずとも、自動的に発行されていく上に、発行量の調整も行われています。

暗号通貨と法定通貨、電子マネーの比較

	送金	決済可能な範囲	管理主体
暗号通貨	国内外を問わず安価	取り扱い店舗	なし
法定通貨	国外の場合割高	国内	各国の中央銀行
電子マネー	できない	取り扱い店舗	発行企業

通貨価値を第三者（中央管理者）によって管理されることなく貨幣として機能しています。

法定通貨や電子マネーは、中央銀行の失策や発行企業の倒産などによって価値が下落、もしくは無に帰してしまいます。しかし、ビットコインの場合は、通貨発行量などはすでに決められているため、ビットコイン自体の価値は、どれだけの人がそれを求めるかという需要のバランスによって成り立ちます。

また、ビットコイン自体がなくなることがあるかと言えば、ビットコインのブロックチェーンネットワークに参加しているノードが、すべて活動を停止しない限りはなくなりません。

仮にビットコインを無くそうと思うと、すべてのノードを同時に停止させるか、世界中の電力をカットするしかないでしょう。

全ノードが自らネットワークを去るということを考えなければ、ビットコイン自体がなくなることはないと考えられます。

要するにビットコインを望む人がいる限り、ビットコインの価値は不滅です。

貨幣が機能する条件として述べましたが、ビットコインにおいても、次に貨幣を受け取る人が価値を感じるかが重要となります。

法定通貨や電子マネーの場合は、明確に支払手段としての環境が整備されているので問題ないですが、ビットコインの場合は、まだまだそのあたりは未整備と言えるでしょう。

現在のところ、取引所を介することで、13万円前後（2017年4月現在）で取引されていますが、未だに価格変動が激しいボラティリティの高い状態ですので、いつ次の貰い手がいなくなるとも限りません。

しかし、国内においてもビットコインで決済のできる店舗やECの拡大、ビットコインをポイントに返還できたり、プリペイドカードの残高として利用できるサービスが登場してきています。今後は、通常の決済手段としての利用も見込まれています。

ただし、ビットコインで決済を受け入れているとはいえ、店舗で決済した際に店舗側は、ビットコインではなく法定通貨で受け取りを行う場合が大半です。それでは、ビットコインのP2Pという特性を最大限活かしていることにはなりません。

まだまだ生活の基盤は、法定通貨などの既存の金融システムが大半なため、ビットコインの普及には少なからず障壁があるのが現状です。

P2P送金により国際送金が今までよりも安く速い

たとえば法定通貨を国内で送金する場合、同じ銀行口座あての場合は、送金依頼を行い、同じ銀行内で別の口座に残高を移動させるだけです。

これが異なる銀行同士になってくると、送金依頼を行うと、その銀行がさらに別の銀行に対して依頼を出すといったように複雑化していきます。その最たる例が、国際銀行間決済ネットワーク（SWIFT）を通じた国際送金です。このような送金処理を行う際には、複数の事業者を介することで、高額な送金手数料がかかってしまうのが現状です。

ブロックチェーンにより国際送金も割安に

既存の仕組み

決済手数料 高

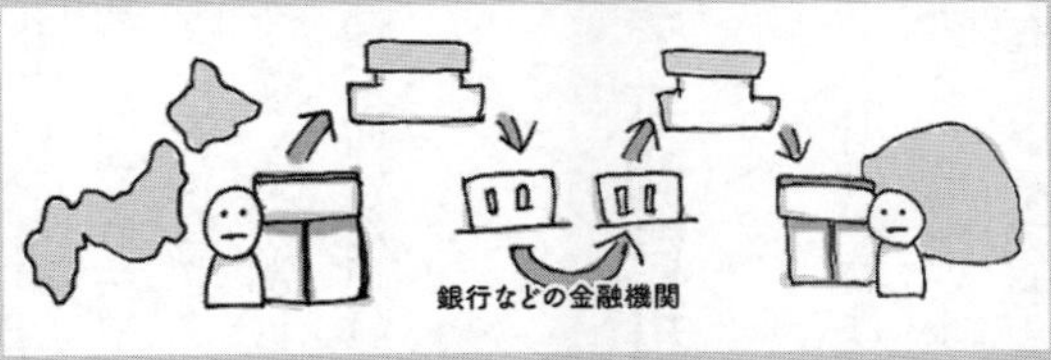

仲介業者が多いため、時間がかかる上、システム利用料や手数料も割高に。

ブロックチェーン

決済手数料 低

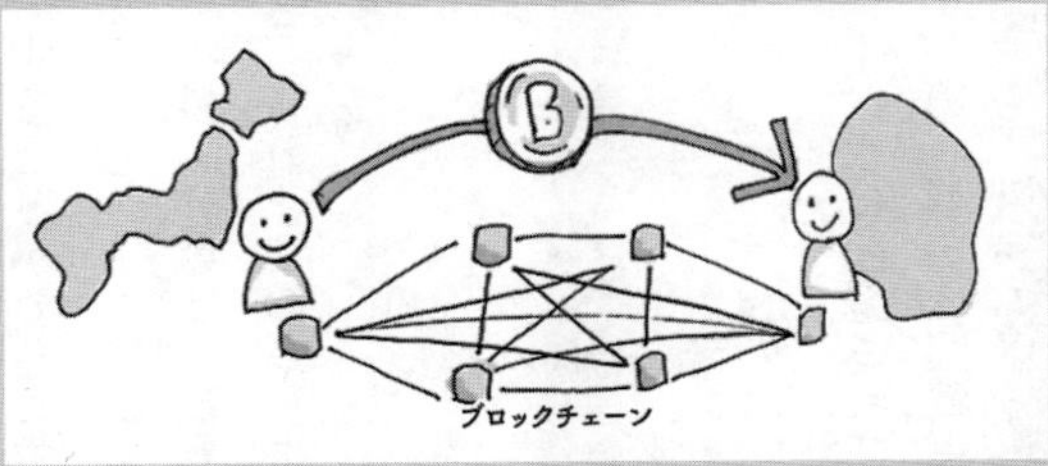

仲介業者がいないため、素早い上、システム利用料や手数料も割安に。

ビットコインでは、ビットコインアドレスを持っている相手であれば誰にでも、銀行やクレジットカード会社といった第三者を介さず直接送金することができます。

第三者を介さない個人間で直接やり取りするP2Pであるビットコインには、国内外という制約がなくボーダレスなので、送金先に関わらず手数料の計算は一定です。

手数料は、数円から高くても数十円程度で送金ができ、これまでの通貨に比べてはるかにグローバルでの流通に向いた通貨とも言えるでしょう。

取引内容は誰でも閲覧可能

また、ビットコインの取引履歴はすべてブロックチェーン上に記録されているため、どのアドレスからどのアドレスにいくら送金されたのかが、第三者から閲覧可能です。

あくまで、記録されているアドレスは、「0wwhc...」といった英数字の羅列ですので、個人情報がオープンになっているわけではありませんが、銀行の口座番号が公開されているのと似たような状態ではあります。

逆に言うと、ビットコイン銀行の口座番号「0wwhc...」に2BTC送ってねと誰かにお願いしたとすると、私の口座番号が「0wwhc...」と知られてしまいます。こうなると、私のビットコイン銀行における取引をすべて見ることができてしまうわけです。

つまり、ブロックチェーン上には、個人を特定可能な情報は記録されていませんが、アドレスと特定の個人情報が結びつけば、その人のすべての取引記録を容易に追跡することが可能です。

もちろん、これに対する対策は存在しており、ビットコインは取引ごとに異なるアドレスを利用することが可能です。異なるアドレスを利用しようとも、ビットコインはちゃんとあなたの手元に届きます。

しかし、それでも完全な匿名性を担保できているとは言えないでしょう。

あらゆる取引を誰もが確認できる「透明性」を担保している一方で、すべての取引記録が他者に閲覧される恐れがあることが、プライバシー問題として懸念されています。

今後、ビットコインなどを扱う取引所では、本人確認が義務付けられますので、仮に取引所で管理している利用者とその人のアドレスデータが流出してしまうと、利用者の人たちのすべての取引データまで丸裸にされてしまうことになります。

これらの問題に対するさらなる解決策は、ビットコインのアップデートとしても出てきていますし、後述するアルトコインで解決を目指すものも存在します。

どちらにしても、これらの問題が、今後議論に上がってくるのは間違いないでしょう。

取引がパンクする？　ブロックサイズ問題とは？

ブロックチェーンにおけるブロックとは、一定期間内に行われた取引データの塊であるとは、前述した通りです。

ビットコインブロックチェーンにおいては、ブロックのサイズが１ＭＢと決まっています。そうすると自ずと、ブロックに入る取引の数も限られてきます。

そのため、取引が多くなればなるほど、ブロックに入り切らない取引が生まれてきて、なかなか送金が完了しないということになります。

つまり、取引が増加することで、ブロックに入り切らなくなり、大幅な遅延が起こりうるということです。

ビットコインの初期段階においては、ブロックのサイズは36MBだったのですが、その後2010年に、スパム対策や潜在的なDoS攻撃に備えて1MBに減らされました。そして、2017年現在もその状態のままです。現在のブロックの大きさでは、1秒間に7件（つまり、1日に約60万件）の取引の処理が限界です。

ビットコインの取引が世界中で増加した結果、ブロックに入り切らない取引が多く出てくるようになりました。

ブロックには、手数料を高く設定している取引が優先的に入るようになっていることもあり、送金取引の遅延と合わせて手数料の高騰も起きました。

これを解決する最もシンプルな方法は、ブロックサイズをもとの36MBまではいかない

ビットコインのブロックサイズ問題

ブロックチェーンのブロックのサイズは、ひとつひとつが1MBと決まっており、ブロックに入る取引データ量に限界があります。

までも、現状よりも大きくすることです。その考えはすでにビットコインコミュニティの中で提案されましたが、実現されることなく時が過ぎてしまいました。

しかし、いよいよビットコインのブロックサイズ問題が深刻となってきたため、コミュニティでの紆余曲折を経てSegWitと呼ばれる機能の実装で、実質的にブロックサイズを引き上げようと考えました。

これでコミュニティの意見がまとまるかと思いきや、ブロックサイズを2MBに引き上げるべきとの意見を発する「Bitcoin Unlimited（ビットコイン・アンリミテッド）」という一派が現れ、再び意見の対立が起きています。この問題は、後述するハードフォークの問題と関連しています。

通貨が分裂する？　ハードフォーク問題とは？

ビットコインとは、想像がしにくいかもしれませんが、皆さんが普段スマートフォンなどで利用しているＬＩＮＥやFacebookなどのアプリと同様にソフトウェアです。ソフトウェアでは、機能の追加や改善を行うアップデートが行われるのもご存じの通りです。ビットコインも同様に、機能の追加や改善を行う際にアップデートを行うことがあります。つまり、日々進化していくお金なのです。

このアップデートには、２つの種類が存在します。「ソフトフォーク」と「ハードフォーク」です。フォークとは、ソフトウェア開発における用語で、ソースコードから分岐して、別の独立したソフトウェアを開発することです。ここでは、皆さんが普段行っているアプリケーションのアップデートのようなものと捉えておいてください。

そして、ソフトフォークとハードフォークの違いですが、ソフトフォークは前後のバージョンで互換性がありますが、ハードフォークでは互換性がありません。

ソフトフォークの場合は、前後のバージョンで互換性があるため、前のバージョンを利用している人と最新のバージョンを利用している人が混在していても問題は起きません。

しかし、ハードフォークの場合は、互換性がないため、前のバージョンを利用している人と最新のバージョンを利用している人の間で、正常にサービスが機能しないといったことが起きてしまいます。

例えば、ビットコインの場合ですと、前のバージョンを利用している人から最新のバージョンを利用している人に、送金ができないといった問題が起きます。そのため、ハードフォークの際は、最新のバージョンへ乗り換える必要があります。

ここで興味深いのは、ハードフォークの場合、最新バージョンと前バージョンの間で溝ができてしまうのですが、前バージョンを利用している人たち同士の利用は可能です。

ソフトフォークとハードフォーク

ソフトフォークは、互換性がありますが、ハードフォークは互換性がないアップデートです。

前バージョンの利用者がゼロにならない限りは、ネットワークは稼働し続けます。そのため、元は同じものであるにも関わらず、2つのネットワークが併存するということが起こり得ます。ネットワーク、つまりブロックチェーンが2つ併存する状態となるので、その上に記録されている通貨も2つ存在することとなってしまいます。これが、通貨が分裂するということです。

このように、ブロックチェーンネットワークは分裂してしまう可能性もあります。ネットワーク内の利用者が減るとセキュリティが脆弱《ぜいじゃく》になったり、中央集権的になってしまうため、分散化のメリットは薄れていきます。

取引所で暗号通貨を管理する際の注意点

皆さんがビットコインを手に入れようとすると、取引所にて円などの法定通貨とビットコインを取引することが多いでしょう。取引所では、国内でもいくつか運営を行う企業があります。取引所では、ビットコインやその他の暗号通貨の売買や保有も可能です。

ここでは、ビットコインなどの暗号通貨を取引所で扱う際の注意点に触れておきます。

先ほど、秘密鍵を保有しているかどうかが、暗号通貨の所有権があるかどうかの証明であると述べました。これは、秘密鍵がなければ自由に送金ができないからです。

取引所によって異なる場合があるのですが、多くの取引所の場合、あなたの手元に秘密鍵はなく取引所に秘密鍵ごと暗号通貨を預けている状態になっています。

第1章で述べた銀行に預けたお金のような状態です。そのため、もし取引所が倒産したり、内部もしくは外部からの操作により不正に秘密鍵が利用されてしまうと、預けた暗号通貨が失われてしまう可能性があります。

ここにも、人に何かを依頼した場合のカウンターパーティーリスクが潜《ひそ》んでいます。

実際に2014年には、取引所 Mt. Gox（マウントゴックス）にて744,408BTCがハッキングにより盗難されるという事件が発生しました。

また2016年にも、香港の取引所 Bitfinex（ビットフィネックス）が119,756BTCの盗難被害に遭いました。

取引所の仕組み

本来は、暗号通貨を管理するための秘密鍵は、自分で管理する必要があります。

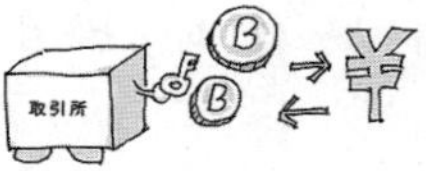

銀行にお金を預けるように、秘密鍵と合わせて、取引所に暗号通貨の管理を任せることもできます。

これらはあくまで取引所のセキュリティ対策の欠陥から起きたことですが、当時はビットコイン自体への不安へとつながり、事件の直後は、ビットコイン価格の暴落などが相次ぎました。

今では、取引所がハッキングされることと、ブロックチェーンの堅牢《けんろう》性は関係がないことが理解されはじめているため、そのようなことは減っています。

取引所も日々、社内セキュリティの向上のために、前述したマルチシグネチャーの導入などを積極的に行っていますし、政府も改正資金決済法の施行などの法整備をすることで、消費者保護を図っています。

しかしそれでも、カウンターパーティーリスクは残ってしまいますので、秘密鍵を自分で管理するほうが賢明でしょう。

仮想通貨を管理することができ、秘密鍵の管理も自分ですることができるウォレットを、分散型ウォレットと呼んでいます。暗号通貨を安全に保有したい際は、分散型ウォレットを利用するのが万全です。

仮想通貨を利用する際にも、今後多くのサービスが出てくるとは思いますが、このような特徴を捉えておくことが、自分の資産を守っていく上で重要でしょう。

ビットコイン以外の暗号通貨「アルトコイン」

さて、ここまでは、ビットコインについて解説してきました。ビットコインは、あくまでブロックチェーン技術を活用して運用される暗号通貨の代表例です。

この暗号通貨ですが、２０１７年４月現在で、実は世界中で約６００種類以上存在しています。

ビットコインの持つ特徴は、そのほかの多くの暗号通貨も持っています。というのも、その多くがビットコインのコピーだからです。

しかし、その中にも、第2のビットコインもしくは、ビットコインを代替するものとして開発されている暗号通貨もあります。それらを総称して、Alternative Bitcoin「アルトコイン（オルトコイン）」と呼んでいます。

ビットコインの抱える課題について、アルトコインによってその課題を解決しようとするコインもあれば、まったく新しいコンセプトのコインも存在します。

ではさっそく、いくつかのアルトコインについて解説したいと思います。

まず、ビットコインの課題のひとつとして、送金時間が現在ですと、10分程度時間がかかるという問題がありました。

もちろん、これはセキュリティの観点も加味した上で設定されているのですが、それを遅いと感じる人も多いのは事実です。

そこで、ビットコインよりも速く送金できるコインとして登場したアルトコインがあります。それがアルトコインの中でも初期に登場した「ライトコイン」です。

ライトコインは、ビットコインに比べて送金時間が、２分半と４分の１に設定されています。ですから、ビットコインよりも４倍の速さで送金が完了します。そのため、送金手段としてだけではなく、日常的な支払手段としての利用もできる期待が持たれます。

現在では、ライトコインよりもさらに承認時間の短いコインも登場してきており、数秒で完了するコインも存在します。

しかしその一方で、承認時間を短くすると、二重支払い（ダブルスペント）が起きやすくなるという問題も発生しており、単に承認時間が短ければ良いというわけでもないことは、注意しておく必要があります。

次に、ビットコインの取引におけるプライバシーの問題についてです。

暗号通貨の取引に、完全な匿名性やプライバシーを持たせようとするコインも存在します。

「ＤＡＳＨ（ダッシュ）」や「Ｍｏｎｅｒｏ（モネロ）」、「Ｚｃａｓｈ（ジーキャッシュ）」などのコインがそれです。

ダッシュやモネロの場合、ブロックチェーン上に取引の履歴が公開されることは、他の暗号通貨と変わらないのですが、送金元のアドレスが特定されにくい仕組みとなっています。

またジーキャッシュは、取引の記録を専用の鍵を持っているユーザーしか閲覧できないようにすることで、プライバシーの保護を図っています。

つまり、取引データを閲覧する権利を、自由にコントロールできます。自分だけにすることもできますし、家族に公開する、もしくは特定の機関だけに公開するといったことも可能です。

ブロックチェーンにより、指定したユーザー以外が不正に閲覧できるといったことは起きません。個人が安全に閲覧権の付与をしたり、制限をすることができるようになります。

その他にも数多くのアルトコインが存在しますが、それ以外の暗号通貨についてご興味のある方、より詳しく知りたい方は、ぜひ拙著「一冊でまるわかり暗号通貨2016～2017」を御覧ください。

第4章

スマートコントラクトで人の仕事はなくなる?

スマートコントラクトとは？

ブロックチェーンの活用可能性は、非常に広範に考えられていますが、その多くはブロックチェーンとスマートコントラクトを融合することで実現されます。

まず、スマートコントラクトとは何なのか、ですが、あえて一言で言うならば、「人の手を介さずに一連の取引が自動的に実行されること」です。

ビットコインの場合ですと、ビットコインの送金が、銀行などの存在なしに行われることと言えるでしょう。

よく用いられる例に自動販売機が挙げられます。

自動販売機の場合、買いたいジュースの価格以上のお金を入れると、購入できるジュースのボタンが光ります。そして、買いたいジュースのボタンを押すと、自動販売機からジュースが出てきます。

ジュースを提供する一連の取引の中には、人の手が必要ありません。そのため、自動販

スマートコントラクトとしての自動販売機

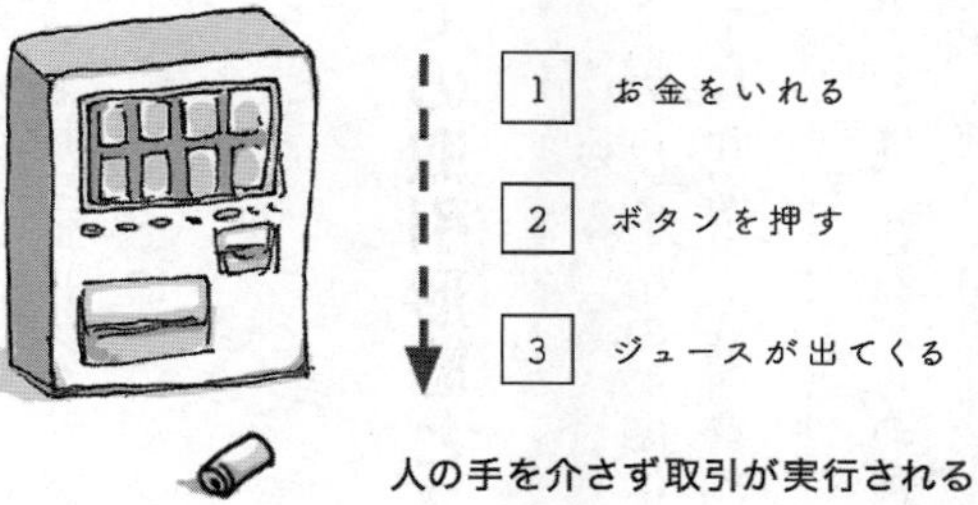
1 お金をいれる
2 ボタンを押す
3 ジュースが出てくる
人の手を介さず取引が実行される

売機がスマートコントラクトの概念を体現しているものとして、例に挙げられるのです。

ここでいう取引とは、契約や合意をもとに金品や役務のやり取りが行われることです。

さらに、取引において重要なポイントは以下の２つです。

1. 契約や合意の内容が取引中に変更されないこと
2. 所定のやり取りが正しく実行されること

自動販売機の例で言うと、

1. は、ジュースの価格以上のお金が投入されるとボタンが光ることであったり、ボタンを押すと所定のジュースが出てくるといった部分です。

2. は、正しくボタンが光るか、ジュースが出てくるかといった部分です。

では、スマートコントラクトが、いかに画期的なのかを理解していただくために、これまでの取引形態の変遷についてみていきましょう。

これまでの取引形態とスマートコントラクト

現在まで人の行う取引の形態は、

直接取引→仲介取引→管理者ありの電子取引→管理者なしの電子取引

のように進歩してきています。順を追って説明していきます。

「直接取引」とは、昔ながらの物々交換を想像するとわかりやすいかと思います。

人類は、紀元前3世紀以前から、物々交換を行っていたようですが、その後、紀元前3世紀には貨幣が生まれました。

この頃から人やモノを媒介とした取引が成されるようになったとなると、「仲介取引」の発生もこの時期に近いと予想されます。

その後、1990年頃から急速なインターネットの発達により、Amazonなどのインターネット上で商品の購入を行う、Eコマースをはじめとして、あらゆる電子取引が登場しました。

現在は、パソコンからガラケー、そしてスマホとデバイスの変遷はあるものの、この取引形態は「管理者が行う電子取引」です。

そして、2009年にビットコインが始動しました。新たに登場した取引形態が、ブロックチェーンおよびスマートコンストラクトを用いた、「管理者なしの電子取引」です。ビットコインは、前述したように銀行などの管理者なしに送金が可能です。これもひとつのスマートコントラクトと呼べるでしょう。

しかし、どうしてこれまでのインターネットを通じた電子取引で実現困難だったことが、実現可能となったのでしょうか? そこには、もちろんブロックチェーンの存在があります。

取引形態の4つの変遷

直接取引

人同士が対面で行う
物々交換が主流。

▼

仲介取引

人やモノを仲介しての取引。遠隔地との取引などを通じて発達。

▼

管理者ありの電子取引

管理者のいる電子取引。Eコマースなどを通じて発達。

▼

管理者なしの電子取引

管理者なしの電子取引。ブロックチェーン技術により実現

ブロックチェーンとスマートコントラクト

おさらいになりますが、ブロックチェーンの最大の特徴として、以下の２点が挙げられます。

■データの改ざんが困難であること
■管理者なしに処理が実行されること

この特徴を用いることで、これまでと違って、管理者を置かない取引が可能になります。つまり、取引の契約や合意の内容をブロックチェーン上に記録し、改ざんが困難な状態にした上で、その内容どおりに管理者なしに実行を行わせることができます。

しかし、ビットコインには、それを実現するための機能がありませんでした。そのため、スマートコントラクトを実現するために開発されたブロックチェーンが「イーサリアム」です。

イーサリアムは、現在ビットコインに次ぐ時価総額となっており、２０１７年４月時点

ビットコインとイーサリアムの違い

	ビットコイン	イーサリアム
コンセプト	デジタル通貨	スマートコントラクト
取引データの内容	2018年1月1日に 佐藤さんから田中さんへ 1BTC送りました。	・2018年1月1日 ・ボブの残高が10ETH未満 以上の条件を満たす場合、アリスからボブへ
時価総額	約2兆円	約4700億
開発者	サトシ・ナカモト	ヴィタリック・ブテリンと 開発チーム
リリース日	2009年1月	2015年7月
通貨単位	BTC	ETH

で約4,700億円にものぼります。

ロシア系カナダ人のヴィタリク・ブテリンが発明したこのイーサリアムは、前述の通りスマートコントラクトを扱えるようにした、はじめてのブロックチェーンであり、スマートコントラクトを用いたプロダクトのためのプラットフォームとも言えます。

独自通貨であるイーサ（Ether）が存在し、ビットコインなどほかの暗号通貨と同様の性質を持っていますが、単に通貨としての利用だけでなくスマートコントラクトを実行する際のガス（Gas）、つまり手数料として消費される点が大きく異なります。

ビットコインを送金する際に、手数料がかかるのと同様だと思ってください。

先ほど、ブロックチェーン上に取引の契約および合意の内容を記録することができれば、何者かの信用のもとに取引を行う必要がなくなると述べました。

ブロックチェーン上に、それらはプログラミングコードとして記録されます。イーサリアムには、そのための開発言語「Solidity」が備わっています。

ここで記録されたプログラミングコードの内容を、イーサを支払うことで実行することが可能です。

スマートコントラクトは、これまでの電子取引に存在した仲介業者を不要とする可能性があります。それにより、コストカットやカウンターパーティーリスクの軽減が行えるわけです。

また、ブロックチェーン上に記録されたプログラミングコードは、誰でも確認することができ、透明性が担保されます。

ブロックチェーン自体の持つ特徴により、改ざんも困難なため、セキュリティコストも削減できるでしょう。インターネット上で人の手を介さずに実行されるので、距離や時間といった物理的な制約も受けません。

もう少し具体的にみていくとビットコインの場合は、ブロックチェーンに記録される取引の内容が、「2018年1月1日に佐藤さんから田中さんに1BTCを送りました」のように、単に取引の結果が記録されていきます。

一方でイーサリアムの場合は、「2018年1月1日時点に、田中さんの残高が10ETH未満の場合は、佐藤さんから田中さんへETHを送金する」のように、一定の条件と結果を記録することができます。

この一定の条件が、プログラミングコードによって表現されるわけです。

スマートコントラクトを拡張する「スマートオラクル」

「スマートオラクル」とは、スマートコンタクトを拡張するコンセプトです。

スマートコントラクトでは、基本的にブロックチェーンに記録されたプログラミングコードの内容に従って実行がされていきます。

オラクルついて

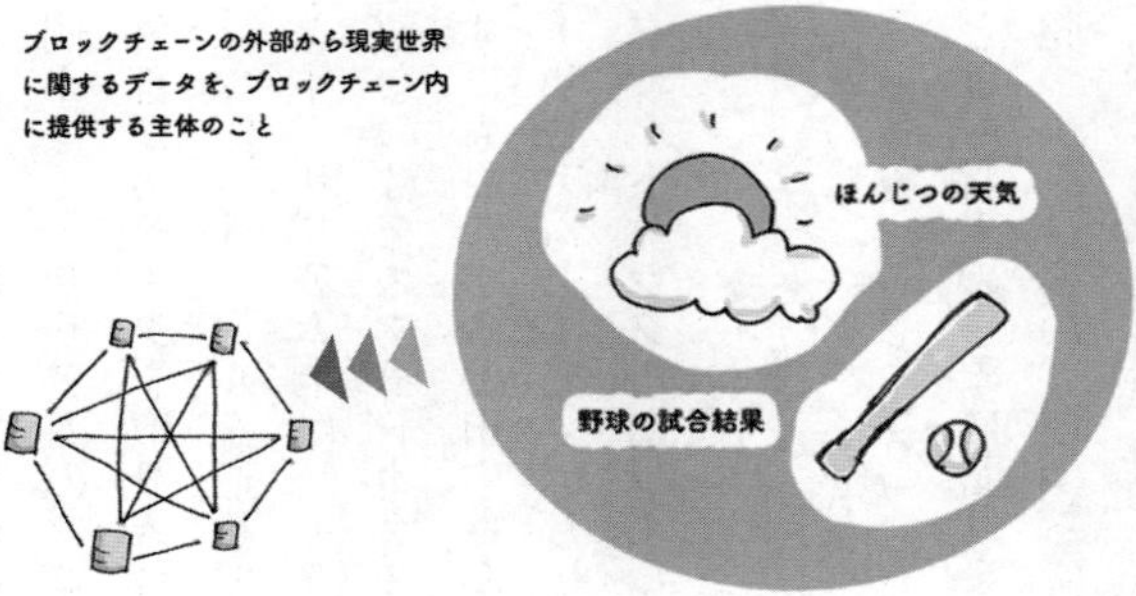

その際に、たとえば田中さんのイーサ残高が５ＥＴＨ以上であった場合といったような、一定の条件などをつけることができるのは前述の通りです。そして、イーサ残高などのブロックチェーン上に記録されているデータ以外も、スマートコントラクトの条件として利用することができます。

その際に、ブロックチェーン外のデータをブロックチェーン内に取り込む役割を担うのが、スマートオラクルです。

例えば、２０１７年5月15日に行われる巨人対阪神の試合の勝敗結果を、スマートコントラクトの条件に加えることもできます。

「２０１７年5月15日、阪神が試合に勝てば、佐藤さんから田中さんに10ＥＴＨ送金する」といった具合です。

しかし、例えばイーサリアムのブロックチェーンの場合、試合結果のデータはどこにもないので、外部からデータを取り入れる必要があります。

そこで、スマートオラクルを通じて、２０１７年５月15日に行われる巨人対阪神の試合の勝敗結果をイーサリアム上にデータとして入力するわけです。

ここで重要なのは、スマートオラクルを通じて入力される情報が果たして正しいのかという問題です。もしかすると田中さんが10ＥＴＨ欲しさに、嘘の情報をスマートオラクルを通じてイーサリアム上に流すかもしれません。

そのためスマートオラクルに与えられる情報が、正しいものであることを担保する仕組みが必要です。

具体例としては、スマートコントラクトを用いて予測市場の自動化を実現しようとする、「Augar（オウガー）」というプロジェクトがあります。

予測市場とは、将来の事象に賭けを行うことで、その勝敗を競うものです。まさに、阪神が試合に勝つか負けるか、どっちに賭けるかということです。

Augar でも、そういった試合の結果や、大統領選挙の結果などを賭けの対象にしているので、そういった現実世界のデータを取り入れる必要があります。

Augarが採用しているスマートオラクルに与えられる情報が正しいかの判断方法は、多数決です。

ある事象、たとえば阪神の試合結果などについて、Augarの利用者に投票を行わせます。そして、その結果多数派となった内容を、確定した事象としてブロックチェーン内に取り込みます。

さらに多数派となった内容に投票した利用者には、Augar内の独自通貨を報酬として与えます。そのため利用者は、正しい結果を選択する動機づけがされるので、正しい情報がスマートオラクルを通じて入力されることになります。

その他にもいくつかの方法が模索されていますが、このようにスマートオラクルを用いて外部の情報もスマートコントラクトの条件に加えることができるようになり、スマートコントラクトの活用範囲を広めることができるのです。

イーサリアム以外のプラットフォームの登場

スマートコントラクトが注目を集めるにつれて、イーサリアム以外にもスマートコントラクトを扱えるブロックチェーンが登場してきました。

これらのブロックチェーンは、イーサリアムが今後抱えるであろう問題の解決や、利便性の向上を目指しています。ビットコインと先ほどご紹介したアルトコインの関係に似ています。

方向性としては大きく2つに分かれています。イーサリアムと同様に完全に独自のブロックチェーンを構築するパターンと、他のブロックチェーンのサイドチェーンとして構築するパターンです。

サイドチェーンとは、ある親となるブロックチェーンに連なる形で構築することができるので、親のブロックチェーンのセキュリティや技術機能を利用することができるメリットがあります。

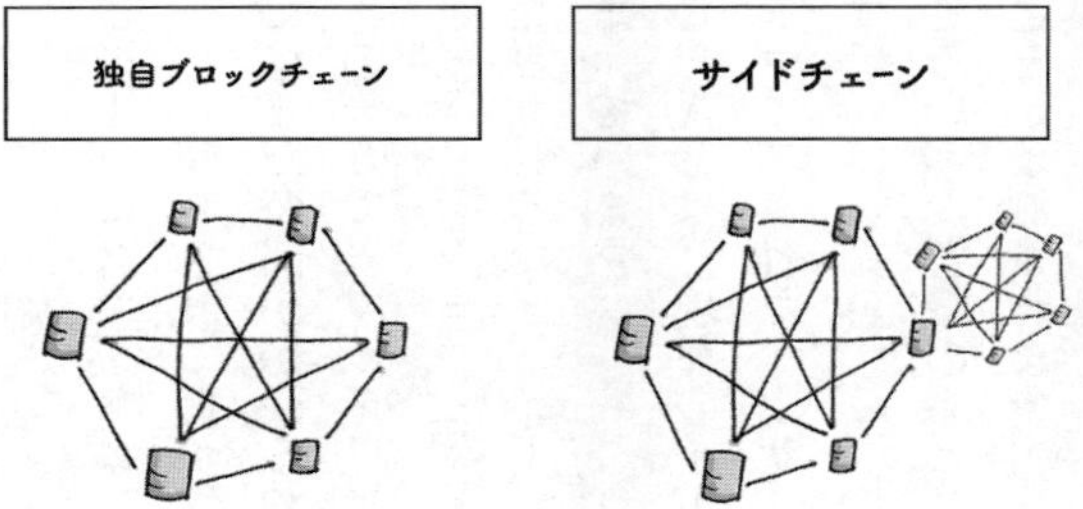

また、独自のブロックチェーンを構築するものとしては、「aeternity（エタニティ）」があります。

aeternityは、ブロックチェーン上にすべての取引の記録を行うのではなく、重要な取引だけをブロックチェーン上で処理を行うことにより、複数のスマートコントラクトを同時に実行できるようにします。

サイドチェーンを構築するものとしては、「RootStock（ルートストック）」があります。これは、ビットコインブロックチェーンのサイドチェーンを構築し、その上でスマートコントラクトが扱えるようにしようというものです。

これにより、ビットコインブロックチェーンの堅牢なセキュリティと汎用《はんよう》性の高いスマートコントラクトという、いいとこ取りを行えます。

最後に、Ｌｉｓｋ（リスク）というブロックチェーンも存在し、これはＬｉｓｋの独自チェーンを構築した上に、利用者が自由にサイドチェーンも構築できるというものです。

このようにスマートコントラクトを扱えるブロックチェーンも多様化してきています。しかし、開発されて日が浅いものや開発途中のものもありますので、商用として利用されるにはまだ時間がかかるでしょう。

その一方で、マイクロソフト、JPモルガンチェース、インテルなどが名を連ねる「Enterprise Ethereum Alliance（エンタープライズ・イーサリアム・アライアンス、EEA）」が発表されるなど、イーサリアムおよびスマートコントラクトの商用利用に向けて機運が高まっています。

EEAとは、現在のイーサリアムとの相互運用性や互換性を持った上で、企業向けにカスタマイズされたイーサリアムベースのプラットフォームを構築することを目的としています。

こういった背景のもとスマートコントラクトを用いたユースケースが、今後増加していくことが予測されます。

第5章

ブロックチェーンが巻き起こす産業改革

ブロックチェーンのもたらすパラダイム変化

ここまでは、ブロックチェーンおよび暗号通貨、スマートコントラクトの仕組みについて触れてきました。ここからは、それらの技術が社会にどのようなインパクトを与えていくかについて話をしていきます。

一番大きなインパクトとしては「分散化」、つまり仲介業者が不要になることによる、中央管理からの脱却が起きていきます。

これは何十年も先の話かもしれませんし、わずか数年内の出来事かもしれません。いずれにせよ、段階的に移り変わっていくことは間違いありません。

中央管理することによって担保してきた「信用」が、技術の進歩によって中央管理者がいなくても担保できるようになったのです。

これまでも多くの構造変化が行われてきましたが、資産（特にお金）の取引形態は古い取引形態のままでした。

お金などの資産は、所有権を明確にする必要があります。また、複数の人間が同時に所有しているといったことがあると困りますし、複製なども許されません。そのため、中央管理者が、厳重に管理することでそれを成り立たせてきました。

しかし、インターネットにおいては、理論上データの複製が簡単に行えます。そのため、中央管理者だけがデータの操作を可能にすることで安全性を保ってきました。そうしなければ、皆さんがパソコンやスマートフォン内の画像をコピーできるのと同様に、お金のデータをコピーすることも容易となってしまいます。

そんな中、ブロックチェーンによって、ビットコインをはじめとする資産を自由に中央管理者の存在なしに流通することが可能となりました。もうお金を送る際に、銀行などに頼る必要もなければ、正確に届くかを心配する必要もありません。

これにより、これまで仲介業者をなくすことが難しかった領域でも、本質的な仲介業者の排除がはじまります。これがブロックチェーンの起こす大きなパラダイム変化です。

シェアリングエコノミーによって顕在化した、個人の直接マッチングにより経済が活性化するという分散化の波が、お金および「信用」を司ることで難を逃れていた金融機関、決済会社にまでおよびます。

この波の影響範囲は、ひとつの産業に収まるものではなく、広範な産業に影響をおよぼす、いわば第４次産業革命です。

経産省のデータにもある通り、その潜在市場は67兆円と言われています。

最初は、ビットコインなどの暗号通貨の登場と共に注目されはじめたブロックチェーンですが、世界中でそのように注目されるようになり、活用範囲を広めてきました。

暗号通貨としての利用を「ブロックチェーン１・０」、そこから進んだブロックチェーンの活用を「ブロックチェーン２・０」と大きく分けて表現することもあります。

ブロックチェーンのプロダクト活用のメリット

さて具体的なブロックチェーンの活用事例をみていく前に、ブロックチェーン技術をプ

ブロックチェーン1.0から2.0へ

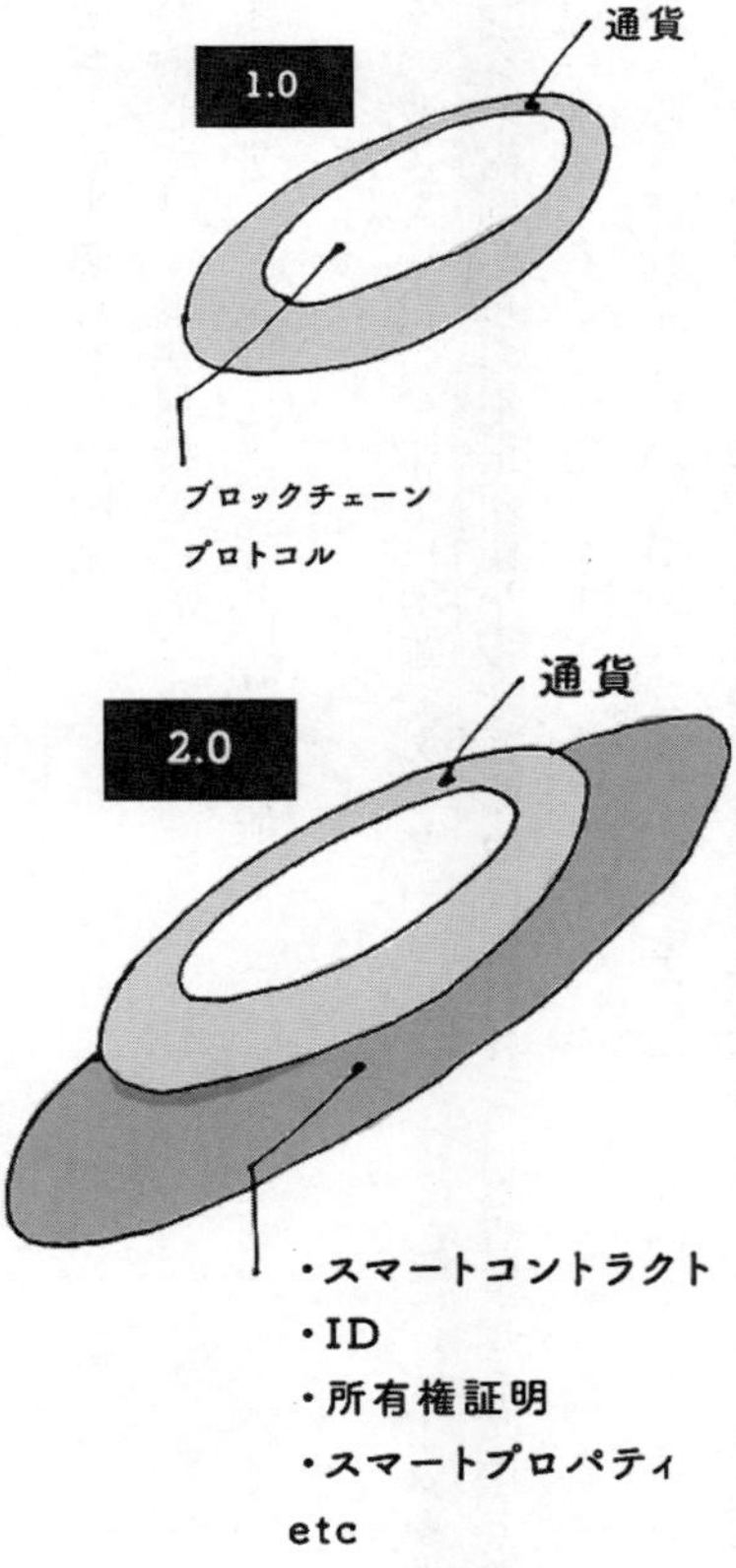

ロダクトに組み込むメリットが、どこにあるかをみていきましょう。

まずは、ブロックチェーンの特徴をおさらいします。

■データの改ざんや複製が非常に困難
■データは分散してノードが保持しておりオープン
■ピア・ツー・ピア（P2P）でのやり取りが可能

まず、データの改ざんや複製が非常に困難であるという特性があるので、データを外部からのハッキングや内部からの不正操作から守るために行われていた情報セキュリティへのコストが大幅に削減することができます。

もちろん、いきなりこれまでかかっていたコストが、ゼロになるというわけではありません。しかし、ブロックチェーンの信頼性が増すにつれて、余分となるコストは削減されていくのは間違いないでしょう。

次に、データが集中的に管理されているのではなく、分散して保持されておりオープンです。このため必ずしも自分たちでデータを保持せずとも、ブロックチェーン上のデータ

ブロックチェーンの潜在市場規模
1 価値の流通・ポイント化
地域通貨
ポイントサービス
Point
電子クーポン
2 権利証明行為の
非中央集権化の実現
土地登記
電子カルテ
各種登録
3 遊休資産ゼロ・高効率
シェアリングの実現
チケット
サービス
C2C
オークション
デジタルコンテンツ
潜在市場規模額
67兆円
4 サプライチェーンの効率化
小売
貴金属管理
美術品塔真贋認証
5 プロセス・取引
全自動化効率化の実現
遺言
電力サービス
IoT

出典：経済産業省資料

にアクセスできます。

わざわざ自分たち独自のデータ環境を構築せずとも、すでにあるブロックチェーン上のデータを用いることも可能です。

私たちが普段利用しているWebサービスやスマホアプリ、業務システムで利用される個人情報などのテキストデータや画像や動画といったデジタルコンテンツは、基本的にそのサービスやシステムを運用する事業者が個別に所有するデータベース内で管理されています。


たとえデータの内容としては同じものでも、管理している事業者が異なれば、異なるデータベースに保管されます。

複数のサービスで、何度も氏名や住所などの同じ情報を登録しなくてはいけないことを思い出していただくとイメージしやすいかと思います。

同じ情報なのに、複数の事業者のデータベースに重複して管理をすることは、登録側も管理側も無駄が多いように感じられるでしょう。それをブロックチェーン上に記録を行うことで、複数事業者が同時に参照できるようになり、重複データをそれぞれが持つ必要も

データーサーバー管理の変化

個別に物理サーバーを保有している

個別にサーバーの物理環境を構築していたため、各社でそれぞれサーバー機器や維持費用などのコストがかかっていた。

▼

個別にクラウドサーバーを保有している

クラウドという同じ場所でサーバー環境を構築しているが、サーバー自体は個別であるため、各社でそれぞれコストがかかってしまう。

▼

ブロックチェーン上のデータを共有する

個別にサーバーを用意するのではなく、ブロックチェーン上のデータを共有することで、各社それぞれコストの削減が可能になります。

なく、スリム化を図ることが可能です。

またブロックチェーン上のデータは、オープンとなっており誰でも確認することができ、透明性が担保されています。これにより、外部監査などにかかっていたコストも削減できる可能性がありそうです。

そして、中央管理者なしにピア・ツー・ピアで取引が可能です。これまで煩雑《はんざつ》なプロセスや手続きが必要だったことも、コストの削減とスピードアップが図れるはずです。ビットコインにおける、国際送金が顕著です。

その他にも、ブロックチェーン上のデータであれば唯一性を保ったまま、利用者間での移転が可能になります。そのため後述するスマートプロパティとしての活用が見込まれ、株式の受け渡しや債権の流動市場など有用な領域は多いでしょう。

デジタル上の資産「スマートプロパティ」

次にブロックチェーンを活用する上で注目されているのが、このスマートプロパティという概念です。

例えばビットコインは、極端な話、ただの電子データにすぎません。言うなれば、画像や電子書籍、音楽といったデータと同じものと考えることができます。

しかし、致命的に違う点もあります。それは、明確な所有権がビットコインにはあるということです。したがって、不正に利用されないことはもちろん、複製や改ざんの恐れがないことが挙げられます。

これまでの電子データは、コピーが容易でしたし、チャット等で画像を送信する際に、相手に送った画像は送信した本人の手元にも残ったままでした。

画像データ自体は、送信できていますが、送れば送るだけ所有者は増えていってしまうため、所有権という観点では使いものにならなかったのです。もちろん、複製ができないようにすることはできますが、音楽データの不正ダウンロードなどが叫ばれている現状をみると、完全な対策は難しいでしょう。

その点、ビットコインは異なります。不正や改ざんがブロックチェーンの特徴によってできないのです。二重送金などの問題も起きず、所有者は常に唯一です。
ビットコインだけでなく、ブロックチェーン上の暗号通貨は、すべてこの性質を持っています。

つまり、スマートプロパティとは、ブロックチェーン上で所有権が明らかであり、不正や中央管理者の存在なく所有者の意志によって移転可能な資産のことを言います。
スマートプロパティは、必ずしもブロックチェーン上に存在するデータである必要はなく、外部の資産（例えば、車や土地など）とブロックチェーン上での記録をリンクさせることで実現することも可能です。

ブロックチェーン普及の4つの波

ブロックチェーンのプロダクトとして活用できるポイントを理解したところで、次にブロックチェーン発展のプロセスについて考えて行きましょう。ブロックチェーン技術自体に大きな可能性があるのは、前述の通りですが、もちろん今日明日ですべてが変わるというわけではありません。

ブロックチェーンが普及するには、4つの波が必要であると考えられます。

まず、ブロックチェーンが重要なインフラとして信頼を得る前の、最初の波についてですが、まずは、ブロックチェーンを利用したデータの共有と利用となると予測できます。そして、真に分散化された金融システムが構築された後の最後の波は、最も野心的で不確実なものでしょう。順に詳しく見ていきましょう。

第1の波とされる、2020年頃には、セキュリティが高く一貫したデータの共有に焦点を当てた、シンプルなアプリケーションが登場するでしょう。

ブロックチェーンの採用により、企業がデータの送信や検証に割いていたコストを大幅に削減できます。この時点では、既存のワークフローと並行した実証実験の段階であったり、既存のプロセスの増強策として、ブロックチェーンを活用することになるでしょう。

ユースケースについては、次の3つの分野に分けることができます。

①当事者間でデータを共有することにより、重複したデータの管理にかかっていたコストを削減する。

②当事者間の取引内容やメッセージを分散型台帳上に記録することにより、改ざんの可能性を削減する。

③当事者間の取引内容やメッセージを分散型台帳上に記録することにより、書類手続きを効率化する。

例えば、ブロックチェーン上で株式の管理ができれば、ブロックチェーンの記録に基づいた様式の取引を行うことで、書類の送付や検証といった、これまでの煩雑なプロセスを

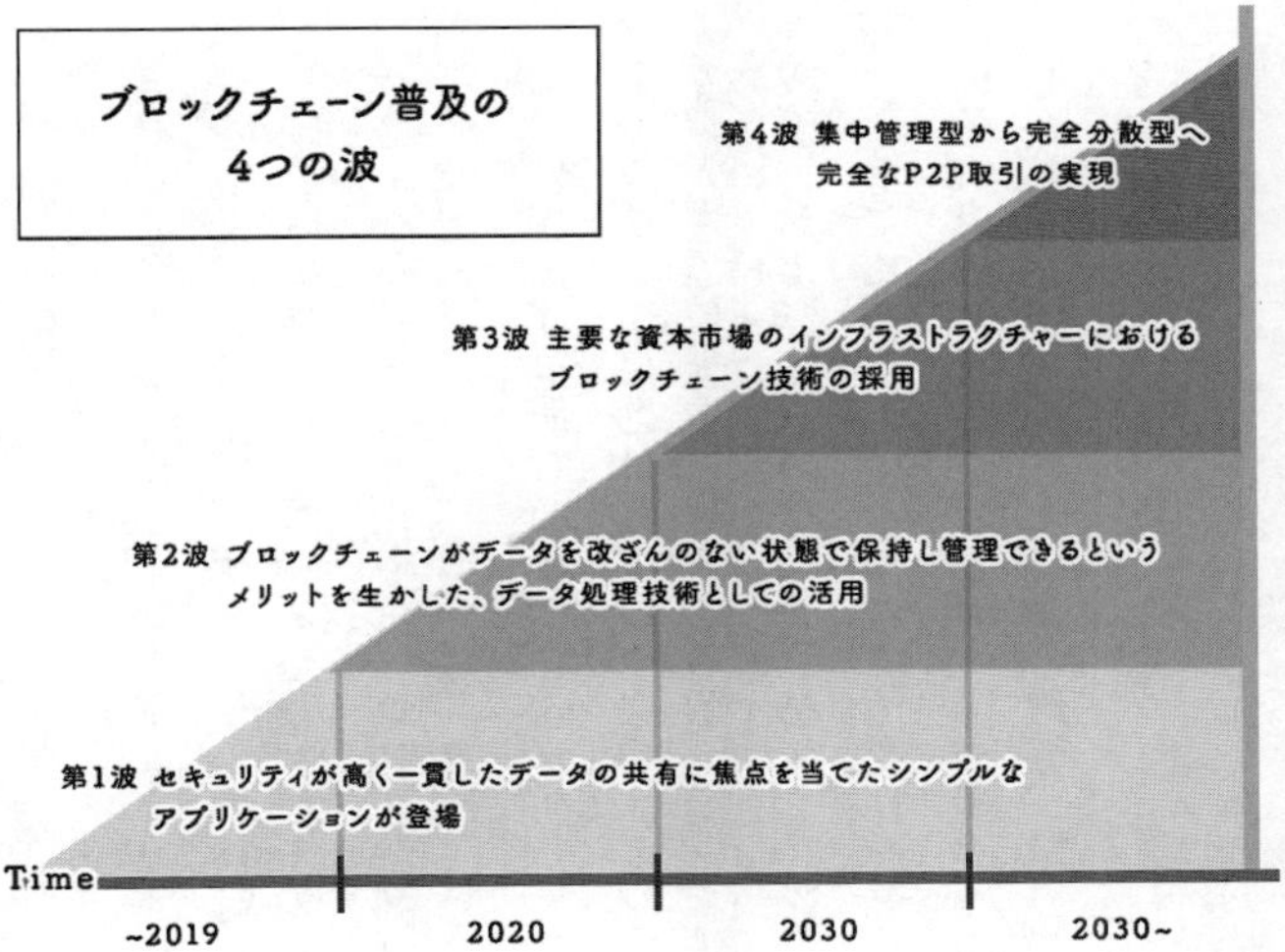
ブロックチェーン普及の
4つの波
第4波 集中管理型から完全分散型へ
完全なP2P取引の実現
第3波 主要な資本市場のインフラストラクチャーにおける
ブロックチェーン技術の採用
第2波 ブロックチェーンがデータを改ざんのない状態で保持し管理できるという
メリットを生かした、データ処理技術としての活用
第1波 セキュリティが高く一貫したデータの共有に焦点を当てたシンプルな
アプリケーションが登場
Time
~2019
2020
2030
2030~

改善できます。

一方で2020年前後になると、ブロックチェーンがデータを改ざんのない状態で保持し管理できるというメリットを生かした、データ処理技術としての活用が進むと考えられます。

ここにスマートコントラクトも活用しながら、様々な面でオペレーションやワークフローを効率化し、コスト削減につながっていくでしょう。

ブロックチェーンが信頼を得るまでの間は、ブロックチェーンを活用したプロジェクトは既存のプロセスと並行して存在し、ユーザーは双方の選択肢を持っています。

全体的なエコシステムとエンドユーザーが、ブロックチェーンソリューションに対する信頼を高めていく中で、ボリュームの移行がはじまります。

そして時間の経過とともに、冗長《じょうちょう》なバックオフィスおよびミドルオフィスのデータインフラストラクチャは廃止され、コストが削減されることになるでしょう。

次に2030年までには、ブロックチェーンは普及が進み、主要な資本市場のインフラストラクチャーにおけるブロックチェーン技術の採用という第3の波が訪れます。

ユーザーによって主要インフラとして採用されたブロックチェーンは、既存の資産管理や取引、および支払いインフラをトークン化によって代替していくほか、取引コストの削減によって市場における資産の流動性を高めていく可能性があります。

それにより、新しい金融商品やプラットフォームの登場を促進します。

しかし一方で、アクセス権の付与、業界での標準化などの管理をする中央管理者は、なお存在し続けるでしょう。

そして最後の波ですが、完全な分散化が達成されるかは、まだ不透明であると言わざるを得ません。

ブロックチェーンにより、インフラは集中管理型から完全分散型へ変化していきます。法的および規制上の枠組みが、分散型台帳を通じた資産の所有権や取引をサポートするようになるでしょう。

また組織や個人が保有する資産の直接取引が可能になるほか、従来のインフラ所有者＝仲介者が不要となり、完全なＰ２Ｐ取引が実現されます。

ブロックチェーン普及の大きな波としては、以上が考えられます。これをもう少しプロダクトの形態に即して整理し直してみましょう。

プロダクト発展の4つのステップ

先ほどの4つの波と重複する部分はありますが、プロダクトの性質に分けて詳しく説明していきます。

大きく分けると、これまで企業が行なっていた一部のプロセスがブロックチェーン上で行われるようになる場合、もしくはそのすべてがブロックチェーン上で行われるようになる場合に分けられます。

後者の場合には、特に昨今注目を集めるスマートコントラクトの力が不可欠です。では、さらに4つの分類について見ていきましょう。

1. 分散型データベースとしての活用
2. スマートコントラクトの活用
3. ピア・ツー・ピア(P2P)アプリケーション
4. 分散型自律組織(DAO)

1、2は、一部をブロックチェーンで置き換えるものが多いのに対し、3、4は、すべてのプロセスをブロックチェーン上で行うものとなります。

まず1は、ブロックチェーンを分散型のデータベースとして活用するプロダクトです。ビットコインでもそうですが、ブロックチェーン上に記録されているデータは、改ざんや複製及び不正が困難です。

これらの特徴は、厳重に管理が必要だった領域にとっては親和性の高いものとなります。例えば、土地の権利などを管理する権利書や、電子カルテをはじめとする個人情報などです。

具体的なサービスとしては、Factom（ファクトム）などが挙げられます。Factomでは、文書データを独自の処理を行った後に、ビットコインブロックチェーン上に記録することで、どのタイミングでどの文書が存在したかを証明します。

これは、研究論文や特許などにおいて、どちらが先かを争う場合に有効でしょう。現在ですと、権威ある機関に提出することで、それらを証明していますが、技術的に改ざんができないブロックチェーン上で記録ができるのであれば、そのような機関を通さずとも文

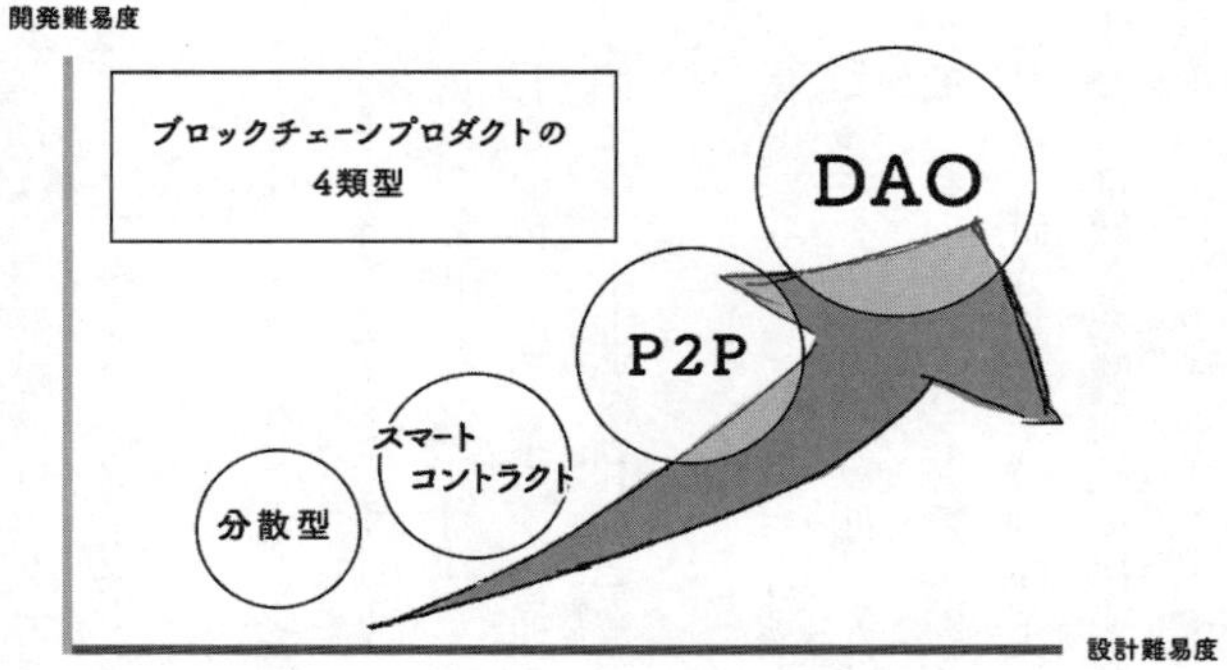

書の存在の証明を公的に行えます。

2は、スマートコントラクトの活用です。ブロックチェーン上にて、決められたプロセスに基づいて確実に実行されます。

一連の取引に人の手を要しないので、コストの削減や人的ミスをなくすことが可能となり大きな利点をもたらします。

3は、ピア・ツー・ピア（P2P）アプリケーションです。

前述の1、2の場合、ユーザーが利用する際に、任意のブロックチェーンネットワークに一度アクセスをして、他のユーザーとの取引を行うことになり、厳密にはピア・ツー・ピアではありません。

ユーザー一人ひとりがネットワークの構成要員となりプロダクトを維持しつつ、ユーザー同士が直接何らかの取引を行うことができるモデルです。

ビットコインネットワークにおける、フルノード同士での取引はこれに当たると言えそうです。具体的なサービスとしては、Open Bazaar（オープン・バザール）などが挙げられます。

Open Bazaarは、商品の売り手と買い手を直接つなげる新しいコンセプトのEコマースで、すべての取引はビットコインで行われます。

一般的なEコマースのようにウェブサイトを訪れるのではなく、PCにOpen Bazaarソフトをインストールし、独自に構築されたP2Pネットワークに参加することで商品の売買ができる仕組みです。つまり、皆さんのPCの中に仮想のお店を構えるイメージに近いと思ってください。楽天市場やAmazonに店を出店するのではないので、お店のルールや価格も自分で自由に決めることができます。また、これまでかかっていた売買手数料なども不要という特徴があります。

シリコンバレー屈指のベンチャーキャピタル「アンドリーセン・ホロウィッツ」からも出資を受けるなど、注目されるプロジェクトです。

4は、分散型自律組織（DAO）です。

これは、イーサリアム上で構築されたThe DAOと呼ばれるプロジェクトが有名かもしれません。

The DAO（ザ・ダオ）とは、投資ファンドの自動化を目指すプロジェクトで、The DAOの参加者は、DAOトークンと呼ばれる独自コインを購入することで、この投資ファンドに参加することができます。

購入時に支払われた金額は、The DAOのファンドとしてブロックチェーン上で保管されます。DAOトークン保有者は、ファンドの投資判断に対して投票権が与えられ、多数決により投資対象が決定されます。そして、ファンドから得られた収益は、DAOトークン保有者にスマートコントラクトにより自動的に分配されます。

このようにDAOトークン保有者がみな対等な関係を築きながらも、投資ファンドが自動的に運営される仕組みです。

プロジェクトとして興味深かく注目されていましたが、プログラムの欠陥をハッカーにつかれ、多額のイーサリアムが盗難されたことで話題となった側面もあります。

分散型自立組織として重要な観点は、右記のような技術欠陥がないことはもちろんなのですが、ガバナンスが比較的重要となってきます。

ガバナンスという言葉は、抽象的でわかりにくい言葉ですが、組織や社会に関与するメンバーが主体的に関与を行なう、意思決定、合意形成の仕組みのことです。

組織の自動化を目指すＤＡＯの場合は、各々異なった目的を持った個人を、どのようにインセンティブを与え、ひとつの大きな組織（システム）として成り立たせ、成果を挙げていくかがポイントとなります。

国内外問わず、大小様々な組織が存在しますが、それらを自動化するというのは、これまでの産業のあり方や、働き方を大きく変革する可能性があります。それゆえに、インパクトも大きいですが、様々なハードルもつきものです。このＤＡＯについては、後ほどまた取り上げます。

「国際送金」が変わる

ビットコインには、国境といった概念がなくインターネットを通じてＰ２Ｐでの送金が可能なため、従来のシステムに比べて手数料が格段に安いといったメリットがありました。

そのためグローバルな送金に向いていると言えるのですが、現在の経済活動の大半が法定通貨で行われていることを考えると、ビットコインで送金を行いビットコインのまま利用するということは少ないでしょう。

そのため結果的には、再びビットコインを現地の通貨に変えることが、必要になってしまいます。

たとえば、出稼ぎで日本に来ているフィリピン人が日本からフィリピンへ稼いだお金を家族に送るときなどは、数万円から数十万円単位となります。

これを手数料の安い、ビットコインを利用して送金を行おうとした場合、まず持っている通貨を取引所に持っていき、ビットコインに交換する必要があります。

その際には、さらにレートの影響や取引手数料がかかってしまうことになるでしょう。その上で、ビットコインに交換してから、フィリピンの送りたい相手に送金することになります。

また受け取った人は、ビットコインをさらにビットコインからフィリピンの現地通貨に交換できる取引所でペソに換金します。

この時も同じくレートや取引手数料がかかってしまうことでしょう。このため、ビットコインと法定通貨を行き来してしまうと、ビットコインおよびブロックチェーンのメリットを最大限活かすことができないのです。

この問題に目をつけ、既存の枠組みとブロックチェーン（厳密には、分散型台帳として）のメリットを活かそうと考えたのが「リップル」というプロジェクトです。

リップルは、Googleが出資しているほか、国内ではＳＢＩホールディングスやみずほフィナンシャルグループが実証実験を行っています。ほかでもリップルが主導し、バンク・オブ・アメリカやスタンダード・チャータード銀行、メリル・リンチも参加するグローバルコンソーシアム「Global Payments Steering Group」に三菱東京ＵＦＪ銀行が参画するなど、大きな注目を集めています。

もう少し、リップルについて詳しくみていきましょう。

リップルは、シリコンバレーの「Ripple Labs, Inc.」によって開発・運営されています。その意味でも、ビットコインに管理主体がいないことと対照的です。

リップルは、それ自体の価値ではなく、リップルネットワークを通じてあらゆる資産価値をやりとりできる、「グローバルな価値移動のための分散型台帳ネットワーク」を目指しています。

さらに詳しくみていくと、リップルネットワークは送金を行うユーザーと、ユーザーの資産を保有・管理する「ゲートウェイ」によって構成されています。

ゲートウェイはユーザーから資産を預かり、ＩＯＵ（I owe you= 借りがある）と呼ばれるデジタル借用証書を発行します。

ＩＯＵは、ゲートウェイに預けた資産を受け取ることができる借用証書であり、預けた資産の所有権を示していると捉えることができます。

リップルの仕組み

そしてユーザーは、このIOUをリップルネットワーク上で取引することで資産の所有権を移転します。たとえば、Aさんがゲートウェイで100万円と引き換えに受け取ったIOUをBさんが購入した場合、Bさんはその IOUの所有権を得て、ゲートウェイから、いつでも100万円を受け取ることができるのです。

このようにリップルネットワークにおけるゲートウェイは銀行に近い役割を担っています。そのため既存の枠組みに当てはめやすく、実際に大手国際銀行の数々がリップルと提携を行っています。

従来の銀行を通じた国際送金で数日かかっていたことや、送金手数料が高いといった問題に対し、銀行がリップルを利用することで国際送金を即座に、かつ低い手数料で行うことができます。

たとえば、日本で発行したＩＯＵをリップルネットワークを介して取引し、そのＩＯＵをすぐにアメリカで交換することができるようになります。

「著作権の管理」が変わる

インターネットが普及することで、世界中の情報へのアクセスが瞬時に行えるようになり、また個人が自由に情報を発信することができるようになりました。

最初は、文章などのテキストデータの送信しかできませんでしたが、次第に画像や動画、音楽など様々なデジタルデータを発信できるようになりました。

しかしその一方で、インターネット上の情報を複製することが非常に簡単なため、他人の著作物を無断で使用するケースがあとを絶ちません。

他人の著作物の使用については「私的使用」「学校における複製」「正当な範囲内での引用」など、自由に使用できる範囲が著作権法に定められています。ブログやホームページの内容をそのまま転載して、あたかも自分が制作したかのように見せることは、著作権者の許諾なしに使用できる範囲を越えており、著作権法の違反となります。

最近でも、キュレーションメディアをめぐる問題で、インターネット上の文章および画像の著作権違反について議論が巻き起こりました。

しかし、著作権法違反は親告罪であるため、著作権を持つ人が一つひとつの違反行為について告訴をしなければ、違反者が罪を問われることはありません。

残念なことにインターネット上には、数えきれないほどの違反行為があふれています。そのため、ライターやイラストレーターといった著作権者がすべての違反に対応することは難しく、違反行為がそのまま放置されてしまい、泣き寝入りといったことも少なくありません。

特定のコンテンツの著作権を、誰が正しく持っているのかが不明確なため、このような問題が起きてしまいます。

また、自分が著作権者だと名乗り出ても、それが信用できるかどうかもわかりません。自分の作品の著作権を認めてもらうためには、政府に登録を依頼するといった方法もありますが、時間もお金もかかってしまいます。

自分の作品を自分あてに郵送し、その消印で作品がある日時にすでに存在していたことを証明する方法もあります。これは、お金のない学生や駆け出しのアーティストがしばしば取る方法で「Poor artists, copyright」と呼ばれています。


こうした問題に対して、アーティストが簡単に行えて、さらに政府などの機関なしに公的に著作権を主張できる解決方法として、ブロックチェーンを活用しようとするプロジェクトが存在します。

オーストラリアの「Uproov」やサンフランシスコの「Blockai」が、それです。

どちらのプロジェクトも文章や画像、動画などのデジタルコンテンツをアップロードすることで、タイムスタンプとそのコンテンツのデータを、ブロックチェーン上に記録します。

ブロックチェーン上でのデータ存在証明

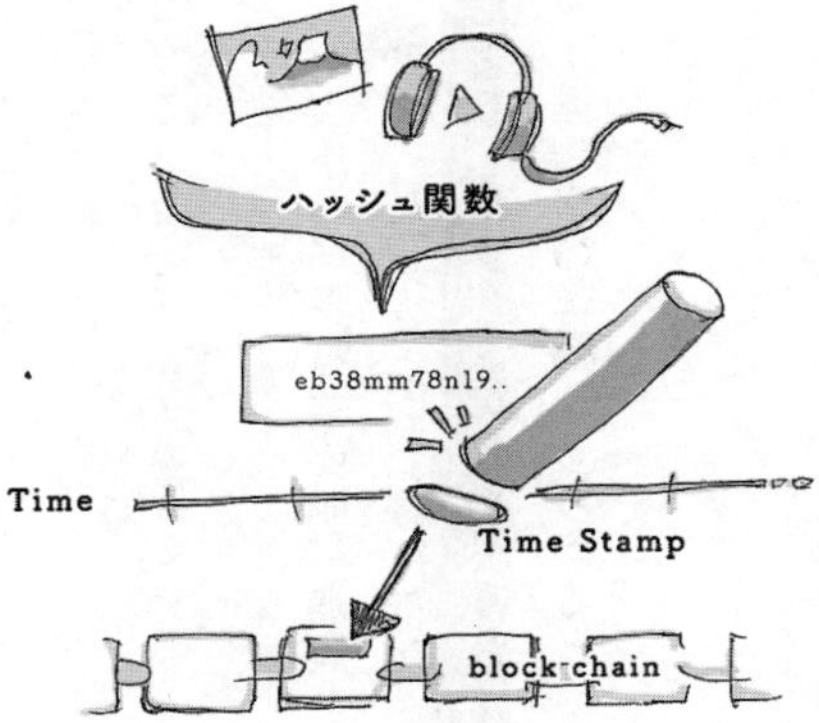

そうすることで、その作品が存在した証拠をタイムスタンプと共にブロックチェーンに残すことができます。

これまで著作権を認める証書などが必要でしたが、ブロックチェーン上に記録されたデータを示すことで、著作権を主張することができるようになるでしょう。

さらにUproovは、作品ごとに「EzyID」という5桁のコードを発行しており、このコードを知っている人だけが閲覧できるようにするといったことが可能です。

Blockaiは、コンテンツをアップロードすると証明書が発行されます。さらに、Blockai上で似たようなコンテンツがアップロードされた際には、アラートが飛ぶ機能も備えています。

将来的には、自動で登録されたコンテンツの著作権違反をパトロールし、クリエイターが望む場合は、ライセンスの発行なども行えるプラットフォームを目指しています。

ブロックチェーン上に、クリエイターが簡単に著作権を登録することができるようになり、コンテンツが誰のものかが明確になれば、無断利用などがなくなる可能性がありそうです。

また、ビットコインなどの暗号通貨と結びつくことで、コンテンツの利用に対して少額支払い（マイクロペイメント）を行うといったことも実現できるでしょう。

これにより、コンテンツの利用者も従来よりも安価に良質なコンテンツを利用でき、クリエイターも相応の報酬がもらえるという、ウィン-ウィンの関係を築けるかもしれません。

「制作業界」が変わる

ブロックチェーンは、これまでの制作業界にも影響を与える可能性があります。音楽や映像といった制作業界においても、消費者に届くまでに多くの事業者が関わります。さらにややこしいのは、著作権とそれに伴う収益の分配があります。ここに多くの手間がかかるほか、仲介に入る事業者が利益を独占し、制作者および消費者に十分な恩恵が受けられないということが起きています。

ここからは、音楽業界にブロックチェーンがもたらす可能性についてみてみましょう。

過去の音楽流通においては、レコードやテープレコーダー、CDといった物理的な媒体を通じた販売形態が主流でしたが、インターネットの普及とともに次第にデジタルデータをコピーして販売する形態へと変化してきました。

iPodの普及にはじまり、iTunesにおけるダウンロード販売から、現在ではSpotifyやApple Musicなどをはじめとしたストリーミング型へと移り変わってきました。

しかしながら、音楽に関する著作権の管理は非常に難しいものがあります。

楽曲の著作権を管理する際には、「視聴や演奏に際して発生する楽曲使用料の徴収」と、「徴収した楽曲使用料を著作権者やステークホルダーへ分配」という二つのプロセスを経る必要があります。

しかし、管理している楽曲（ＪＡＳＲＡＣの場合、３００万曲以上）すべての視聴回数をカウントし管理することや、YouTube への違法アップロードなどを発見し、その公正な分配をするには、膨大な手間がかかることは想像に難くないでしょう。

日本においては著作権等管理事業法に基づき、ＪＡＳＲＡＣという非営利の著作権管理団体に、日本のほぼすべての著作権管理が委託されています。そして演奏や楽曲使用における楽曲使用料の徴収や、著作権者への使用料の分配を行っています。

しかしながら、ＪＡＳＲＡＣの徴収に際しての仲介手数料が高額であることに加え、ＪＡＳＲＡＣが徴収した楽曲使用料が公正に分配されているかが不透明であることなどから、利権と化しているのではないかといった疑惑が取り沙汰されることもあります。

また昨今ではＪＡＳＲＡＣが、音楽教室のレッスンにおいて楽曲使用料を徴収する方針を決定し、それに対し歌手の宇多田ヒカルさんが「Twitter上で反発を表明するなど、著作権者であるアーティストの意向に沿わない形での楽曲使用料徴収が行われているケースも出てきています。

こうした問題を踏まえて、音楽業界は、ブロックチェーンを活用することでどのように変わるのでしょうか。

代表的な例としては、「Ujo Music」や「Dot BC」といったプロジェクトが、進行中です。

これらのプロジェクトでは、レコーディングされた楽曲データや、楽曲の歌詞・譜面などを含む著作権情報をブロックチェーンに記録することで、ネットワーク化されたデータベース上において、すべての著作権情報を管理します。

ここにスマートコントラクトを活用することで、楽曲の購入や使用に応じた代金や楽曲使用料の徴収から、著作権者やステークホルダーへの収益配分まで、すべてがプログラムに従い自動的に実行されるようになるのです。

収益配分については、あらかじめ締結された契約に基づくスマートコントラクトによって自動的に実行されるため、アーティストやエンジニア、音楽事務所などのステークホルダー間での収益配分について、より高い透明性が確保されます。

さらには、著作権管理組織などの仲介者が不要になるため、よりアーティストにとって公正な収益がもたらされると言えるでしょう。

また従来の音楽配信サービスにおいて、クレジットカードなどは決済手数料が高額でマイクロペイメント（少額決済）に不向きなため、月額などの定額制ストリーミングが主流でした。

しかし、送金手数料の低い暗号通貨を用いることで、1曲単位でのストリーミング販売が可能になります。

たとえばシンガーソングライターのImogen Heap氏は「UjoMusic」を活用し、2015年10月にイーサリアム上で「Tiny Human」という楽曲をリリースしています。

また「Dot BC」は、デジタル権利管理サービス大手のFUGAから約6500万曲の楽曲の提供を受け、アーティストへの公正な収益配分の実現へ動き出しています。

このように、ブロックチェーンを活用しアーティストとユーザーの双方にとって良い音楽流通を構築するプロジェクトが進んでいます。

また映像業界においても、同様な動きがあります。イーサリアムを活用したSingular DTVというプロジェクトです。

今やNetflixやHuluといった動画配信サービスは、欧米をはじめ日本においても一部の利用者にとっては、なくてはならないサービスとなってきました。

米国の調査会社Markets And Marketsによると、動画配信サービスの世界での市場規模は、２０１４年で２５３億ドル（約３兆３００億円）、２０１９年には６１４億ドル（約７兆３７００億円）にまで成長すると予測しています。

しかし、その一方で多くの動画配信の形態は、月額固定で見放題です。消費者にとって、この月額固定で見放題というのは、少々息苦しいものとも捉えられはじめています。

インターネットの利点は、24時間どこからでもアクセスできることですので、好きな時に好きな分だけ見れるほうが、メリットは大きいように思われます。

しかし、前述の通り決済手数料が高額なため、作品単位の販売とすると、サービス提供者側の利益が小さくなってしまうため、月額固定が主流となっているのが現状です。

SingularDTVは、TVODと呼ばれるオンデマンドの動画配信ポータルサイトを備えており、NetflixやHuluのような月額課金型ではなく、都度課金型（オンデマンド型）です。

利用者は、動画を閲覧する際に、少額の閲覧料を暗号通貨で支払います。さらに、このTVODでの売上は、スマートコントラクトにより動画の制作者やSingular DTVの運営会社に自動的に配分されます。

音楽業界同様、これまで煩雑なプロセスであった収益の分配を自動で行うことができ、大幅なコストカットにつながります。

「アート作品の管理」が変わる

アート作品の取引では、本物か偽物かによって大きく価値に差が出てしまうため、鑑定によって発行される「作品証明書」を通じて本物であることを証明する必要があります。

このように、アート作品が、本物かどうかを証明するプロセスを「真贋管理」と呼びます。

真贋《しんがん》管理においては、本物と複製物を区別する必要があるため、アート作品の所有権管理は厳密になされる必要があります。

従来この所有権管理や真贋管理においては、第三者による信頼の付与がなされてきました。しかしブロックチェーン上に作品証明書を記録することで、作品証明書が複製や改ざんが不可能な形で取引されるため、所有権の所在が判断しやすくなり、管理コストを削減しつつ、真贋管理の精度を向上させることができます。

たとえばAscribeでは、アーティストがデジタルアート作品をブロックチェーン上に登録することができます。

作品の所有権はブロックチェーン上におけるスマートプロパティとして扱われ、他の暗号通貨と同様にブロックチェーン上で取引することができます。

さらに、真贋管理を組み合わせることで、現実のアート作品に関する所有権管理を実現するプロジェクトも登場しています。

ロサンゼルスのベリサート（Verisart）は、それぞれのアート作品に関する所有者や所在地、信頼性などの情報をブロックチェーン上に記録し、所有権証書の管理プラットフォームを構築するプロジェクトを進めています。

またロンドンのブロックベリファイ（Blockverify）は、アート作品の追跡や、模造品や盗難品の識別を簡素化するシステムを、ブロックチェーン上に構築しました。

２０１４年に設立されたChronicledは、スニーカーの信頼性をブロックチェーン上で管理できるサービスを展開しています。

Chronicledはスニーカーの内部に、ブロックチェーン上で認識可能なスマートタグを埋め込みます。これによりユーザーは、ブロックチェーン上に記録されたそれぞれのスニーカーの商品情報や信頼性を、アプリケーションから確認することができるのです。

さらに、小売店やメーカーが、信頼性を担保した上でスニーカーを販売することも可能になります。

このように、ブロックチェーンの特徴である「複製や改ざんが困難」であり、それゆえ「管理・仲介コストを削減できる」というメリットが、アート作品の所有権管理にも活用されてはじめています。

「ヘルスケア」が変わる

ブロックチェーンの大きな特徴のひとつは、改ざんが困難な点であることは、くり返し述べてきました。それを最も生かすことができるのは、文書管理の分野だと言えるでしょう。

特に医療分野では、データを高い機密性を保ったまま、それらを共有し活用することで様々なメリットが得られます。

たとえば現状のカルテなどの個人に関する医療データは、病院ごとに個別に管理していますが、これらをセキュリティを確保した状態で病院間で共有することも可能になります。

オランダの電化製品メーカーのフィリップスは「ブロックチェーン・ヘルスケア・ラボ」を開設し、ヘルスケア用ＩｏＴ機器から得られたデータをブロックチェーン上で共有するための研究を進めています。

また東京海上日動も同様に、医療カルテ情報の共有に向け、医療機関と連携しながら実証実験を進めています。

この取り組みでは情報共有だけでなく、最終的には、カルテ情報に基づく保険金支払業務の自動化を目指しています。

医療情報をネットワーク上に記録しアクセスできる範囲を広げることで、単なる情報共有にとどまらない形での活用が可能になるのです。

しかし、医療データにアクセスできる範囲が広がることによって利便性が向上する反面、患者にとってはプライバシーの問題が生じます。

特に医療に関する分野では慎重なセキュリティ対策と患者への情報開示が必要です。

Google のAI部門であるディープマインドでは、こうしたシステムによる病院が共有する患者に関する医療データに関して、プライバシーが保たれていることや、正確で改ざんされていない状態で保管されていることを保証する、医療データの監査システムを構築しています。

「エネルギー産業」が変わる

これまでエネルギーは、地域で決められた公共事業社から、一律の価格で購入するしかありませんでした。

この中で、特に変化が起きてきているのは電力です。２０１６年４月の電力自由化以降は、新たに参入する電力会社からも電気を契約できるようになりました。地域といった制約を超えて、各小売事業者が消費者に電力を販売できるようになり、競争が起こることで消費者へより良いサービスを届けようとする企業努力が生まれます。

しかし、実際のところ、電力の流れは、これまでとまったく変わっていません。

携帯会社の通信インフラを借りることで、利用者に格安で通信サービスを提供しているＤＭＭモバイルや楽天モバイルなどのＭＶＮＯ事業と似た構造となっています。

また、現在は太陽光発電をはじめとする再生可能エネルギーを家庭で発電し、余剰電力を電力供給会社へ販売も行えますが、これには固定価格買取制度があり、買取単価が毎年下がっているのが現状です。

そして、何年かあとには家庭が払っている電気料金の単価よりも低くなる見込みです。この場合も、家庭が発電した電力を一度、電力供給会社へ販売してから、一般の消費家庭へと流れていくことになります。

ここにブロックチェーンが関わると、どのようになるでしょうか？　電力の供給につい

ブロックチェーンによる電力の真の自由化

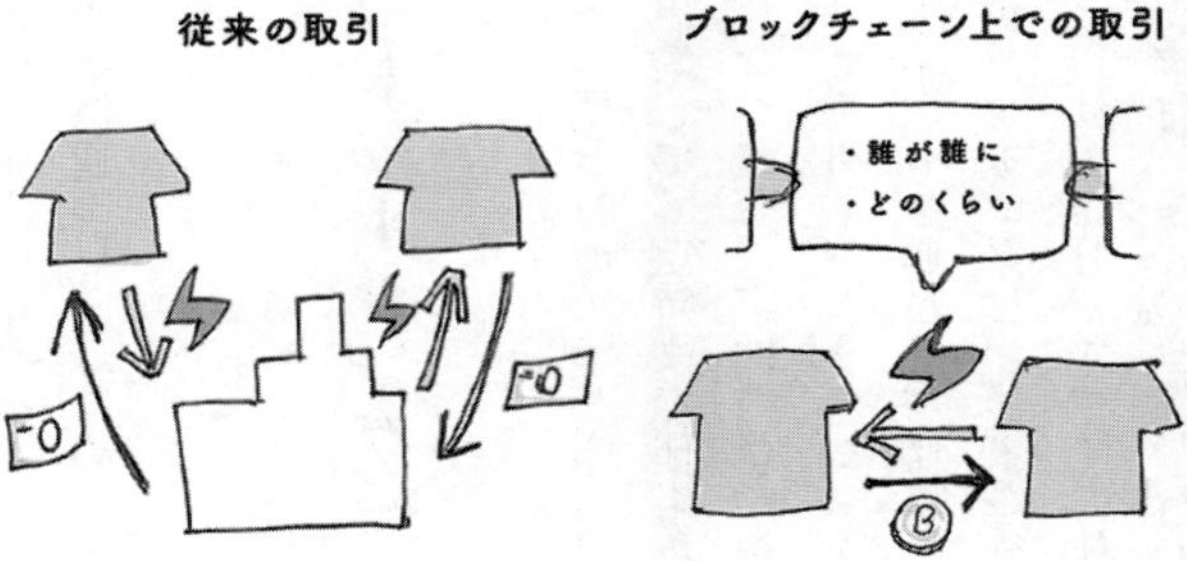

ては、インフラの部分ですので変化は難しいかもしれませんが、電力の取引の部分については、ブロックチェーンによって個人間（P2P）にシフトしていく可能性が考えられます。

例えば、ニューヨークのエネルギー企業「LO3 Energy」などは、ブルックリンで太陽光発電設備を持つ家庭が、同地域内で電力を取引できる実証実験「ブルックリン・マイクログリッド」がすでに行われています。

そこでは、電力が誰から誰に、どれだけ供給されたかというトランザクション（取引）を記録するために、ブロックチェーンを利用しています。

マイクログリッド（MicroGrid）とは、簡単に言うと電力を発電している家庭と電力を利用したい家庭を複数つないだ小規模のネットワークを構築し、直接的に電力のやり取りを可能にするものです。ブロックチェーンにおけるＰ２Ｐと設計思想が似通っているため、親和性の高い技術と思われます。

「クラウドソーシング」が変わる

日本でも「働き方改革」が叫ばれるようになりました。

会社に出勤して、定時まで仕事をするといった働き方が変わろうとしています。オフィスに出勤しなくても、家にいながら仕事ができるようになります。もしくは、すでに日本にいながら、海外のフリーランスと仕事をするということも日常となりつつあります。

インターネットを通じて、仕事を依頼した人と仕事をこなすために必要なスキルも持っている人がマッチングし、仕事を行うということが増加しています。

もともと自社や自分ですべての仕事をこなすわけではなく、一部を外部に委託するアウトソーシングは、多くの企業で行われていましたが、そこから派生していったのがクラウドソーシングです。

インターネットによって世界中の人材にアクセスできるのであれば、わざわざとなりの会社さんに依頼をしなくてもよい。より安く良い仕事をしてくれる会社や個人がいれば、そちらに依頼すればいいというのは自然な流れとも言えます。

そうした背景のもと2009年からクラウドソーシングは本格化し、市場は拡大を続けています。総務省のデータによると、2017年度で約1,473億円規模とも推定されています。今後も、クラウドソーシングの市場は、ますます拡大していくことでしょう。


では、このクラウドソーシングとブロックチェーンが結びつくことで、どのようなことが起きるでしょうか。その問題点についても述べておきます。

クラウドソーシングで問題視されていることとして、仕事の報酬が低くなりがちであることと、評価の不透明性が挙げられます。


まず、仕事の報酬が低いことについてです。

一般的に依頼主と仕事をしたい人のマッチングは、専用のサービス上で行われ、マッチングが成立すれば、仕事をスタートすることになります。

仕事をスタートする前に、報酬の未払いなどの問題が起きないように、サービス運営者が依頼主から報酬金を先に預かります。デポジットを確認してから、受注者は仕事をスタートさせます。

そして無事仕事が成立した際には、サービス運営者への一定の利用料を差し引いた額を、仕事の受注者へ報酬として渡します。

そのため、依頼主は利用料を支払う必要があるため、仕事をしてくれる人への報酬を少し下げて発注することになります。これは、クラウドソーシングを使おうが使わまいが、予算は変わらないからです。

そのため、直接誰かに依頼する場合に比べて、クラウドソーシングサービスを利用する際は、利用料分だけ報酬が目減りすることになるのです。

また、もうひとつが評価の不透明性です。

誰が誰に評価したかなどは、あくまでサービス運営者が提供しているデータに過ぎないため、誤りや偽りが含まれる可能性もゼロではありません。

しかし、これらの問題の解決にもブロックチェーンは有効です。

まず、マッチングが起きてからのデポジットですが、これはブロックチェーン上でスマートコントラクトなどを用いることで自動化が可能です。

次に、評価の透明性ですが、誰が誰にどのような評価をしたかをすべてブロックチェーン上に記録することで、誰でも閲覧が可能な状態、かつ改ざんができないので透明性の担保も図れるでしょう。

また、暗号通貨は数十円から数百円といった少額決済（マイクロペイメント）にも向いているので、小さい単位の仕事（マイクロタスク）の発注や、分単位でのコンサル業務の依頼など、これまで依頼できなかった依頼も可能になるかもしれません。

さらに、それは世界中どの相手に対しても可能になります。実際に、Faradamというサービスは、分単位の専門家へのコンサルティングを依頼できるサービスで、支払いは暗号通貨で行うことが可能です。

ビデオ会話などで相談をスタートするとサービス内のタイマーが起動し、そのタイマーで測った時間分の報酬が、暗号通貨で自動的に支払われるという仕組みです。

「土地登記」が変わる

ブロックチェーンを活用した改ざんの困難な形での記録管理は、他にも様々な分野に応用できます。

そのひとつが土地登記です。従来は各国政府が担ってきた土地登記は、政府機関の中央サーバー上で集中的に管理を行っています。しかし、集中的に管理されているため、外部からのハッキングによる改ざんの被害に遭いやすくなってしまいます。

そもそも電子化が進んでおらず、書類によるアナログな管理に頼っていることも少なくありません。

しかし、ブロックチェーンを活用して分散的に記録することで、改ざんのリスクを大きく減らしつつ、誰もが閲覧可能な透明性を担保することができます。

ガーナやグルジアでは、国家によってブロックチェーン技術が導入されつつあります。

アフリカなど発展途上国においては、土地の所有権や境界が曖昧《あいまい》な部分が非常に多く、土地所有権をめぐる争いも頻発《ひんぱつ》しています。

例えばガーナでは、実に8割近くの土地が登記されていないのが現状です。ブロックチェーンの活用によって、土地登記の手間やコストを大幅に削減することで、土地所有権を明確にする狙いがあると言えます。

土地登記への活用は記録管理にとどまらず、所有権管理の分野にも関わっています。ブロックチェーン上に記録された所有権は、そのまま取引することができるため、ブロックチェーン上に登記された土地や不動産を、政府を介すことなく、より効率的に取引できるのです。

例えばスウェーデンでは、ブロックチェーンスタートアップ「ChromaWay」と提携し、ブロックチェーンの土地登記への活用の実証実験に向けて動き出しています。

この狙いには登記手続上のミス軽減のほか、土地取引におけるセキュリティ向上を図る意図があります。

「サプライチェーン」が変わる

ブロックチェーン技術により、サプライチェーンも影響を受けるでしょう。むしろ大幅に効率化される可能性があります。

サプライチェーンとは、原材料から製品化され、消費者に届くまでの商品やプロダクトの一連の移動を可視化し、管理することです。

サプライチェーンは、グローバル化によって土地的な分散が進んだほか、数多くの事業者が関連するため、１００を超える工程を経ることもあります。そのため、非常に複雑となっており、各工程が正しく処理されたのかを遡《さかのぼ》って確認することが困難です。

上流工程から離れれば離れるほど、サプライチェーンの透明性は薄れていきます。バイヤーや消費者が不利益を被ることも少なくありません。食品製造元の偽造や、不正な管理方法が発覚したといったニュースも後を絶ちません。

ここにブロックチェーンを活用することで、サプライチェーンの問題を解決することができます。

ブロックチェーンは、分散型台帳とも呼ばれている通り、取引を分散的に、つまり改ざんの恐れもなく、透明性も担保したまま記録していくことが可能です。

サプライチェーンの各工程（日付、事業者、価格、位置情報、商品の状態など）をブロックチェーンに記録していくことで、プロセスの透明化を図れるでしょう。そして、問題が起きた場合には、記録を遡っていくことができるようになります。

消費者などのサプライチェーンにおいては、下流に位置する人たちでも上流で起きたことをすべて把握することができます。

すでにいくつかの活用事例も登場しています。そのひとつがダイヤモンドのサプライチェーンです。

皆さんは、２００６年に公開された映画「ブラッド・ダイヤモンド」をご存じでしょうか。

レオナルド・ディカプリオが主演を務め、アフリカの小国シェラレオネにおけるブラッド・ダイヤモンドの問題に焦点を当てた映画です。

ブラッド・ダイヤモンドとは別名を「紛争ダイヤモンド」と呼ぶダイヤモンドです。これは、ダイヤモンドの産出国において、反政府軍によって採掘《さいくつ》されたダイヤモンドのことです。反政府軍は、このダイヤモンドを輸出することで資金を手に入れ、その資金を元手に武器を購入し、紛争が発展していくという構図です。

そのためこのブラッド・ダイヤモンドの購入を制限しようという動きが出ており、こうしたブラッド・ダイヤモンドを廃絶するための最大の動きが、2000年に南アフリカ・キンバリーで行われた会議「キンバリー・プロセス」です。

日本もこの会議に参加し、ブラッド・ダイヤモンドの廃絶に合意しています。キンバリー・プロセスの内容としては、ダイヤモンドの原石から宝飾品となるまでの一連の取引の中で、そのダイヤモンドがブラッド・ダイヤモンドとは無関係であることを明記し、保障することが義務付けられました。2016年7月段階で、54の国と地域が参加しています(EU加盟国を個別に数えると81か国)。

このようにダイヤモンド取引における透明性は、非常に重要です。しかし、ブラッド・ダイヤモンドではないという透明性の担保は、参加国や取扱事業者の善意に委ねられる部分も多いのが現状です。

実際に、ガーナで取り扱われていたダイヤモンドにブラッド・ダイヤモンドが混入していたと指摘されました。このように、これまでは完全な取引の透明性を担保することが困難でした。

Everledgerの仕組み

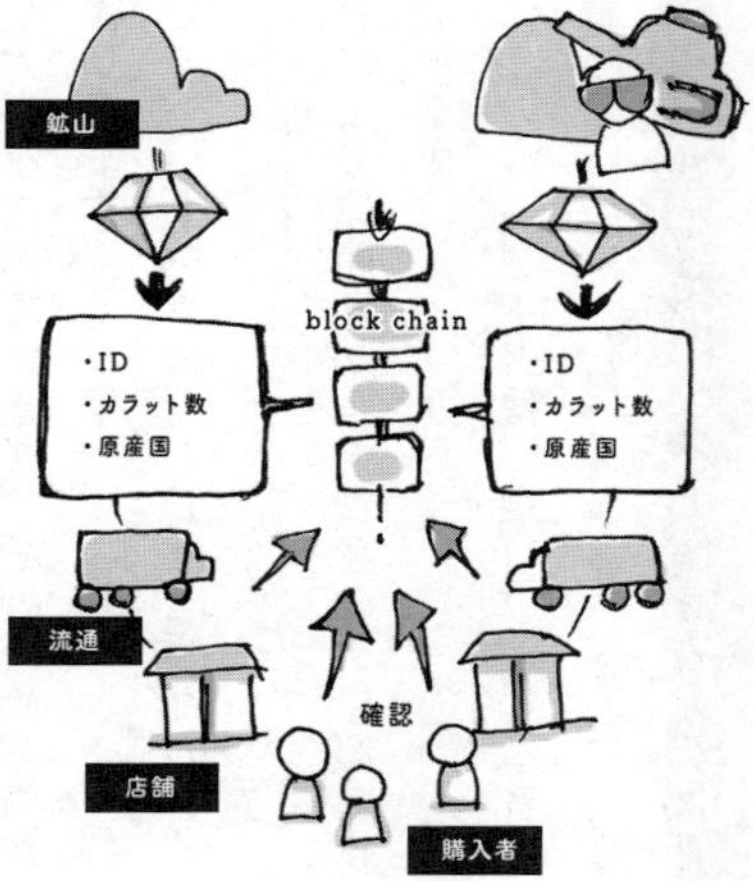

そこで、その課題をブロックチェーンを用いて解決しようとしたのが、ロンドンを本拠地とするEverledger（エヴァーレッジャー）です。

エヴァーレッジャーは、ブロックチェーン上でダイヤモンドの取引記録を行うことで、透明性の高い取引を実現します。

現在のダイヤモンドの取引は、デジタル化とは程遠く書類へのハンコやサイン、郵送やファックスなどアナログな業務が大半を占めています。そのため、管理コストがかかるほか、書類の紛失や不正なども起こり得ます。

そこで、エバーレッジャーでは、個々のダイヤモンドをスキャンし、それぞれに固有のIDを与え、産出国やカラット数などのすべての情報をブロックチェーンに格納しています。これにより原産地から消費者の手に渡るまでを網羅した、取引の全プロセスで透明性を確保できます。

さらにこの取引データは、銀行、運送業者、ディーラー、消費者のすべてが各ダイヤモンドの履歴を自由に閲覧できます。また、ダイヤモンドの品質証明書を発行するアメリカ、イスラエル、インド、ベルギーなどの関連機関と協力し、鑑定書のデジタル化を行なっています。

まさにブロックチェーンの改ざんや不正が困難で、かつオープンであるというメリットを生かしたプロジェクトと言えるでしょう。

ブロックチェーン外に存在するダイヤモンドを、改ざんや不正が困難でかつオープンであるブロックチェーン上で記録し管理するという手法は、スマートアセットとしても実用的な例と言えるでしょう。

今後、同様のスキームがダイヤモンド以外にも広がっていくことが予想されます。

その他にも、食品偽造の問題などもこれで解決できるでしょう。

ウォルマートが、中国市場においてＩＢＭと協働し、サプライチェーン管理にブロックチェーンの導入を開始したと報告しています。またアリババなども研究を進めているようです。

「シェアリング・エコノミー2・0」

ブロックチェーン技術と相性が良いとされるもうひとつの分野は、シェアリングエコノミーと言われる分野です

シェアリングエコノミーには、サービス提供者と消費者がお互いにマッチングし、サービスの提供を行ったあとに、消費者からサービス提供者に対し、料金の支払いが安全に行

われるマーケットプレイスが必要です。

ドライバーと乗客をマッチングさせたり、宿泊施設の提供者と宿泊者をマッチングさせるなどを代表とするシェアリングエコノミー企業は、サービス提供者と利用者の間に立ち、取引の安全性を担保するマーケットプレイスを運営し、その利用料としてユーザーから手数料を得ています。

そこでは、消費者からのサービス提供者への未払い問題や、サービス提供者が適切なサービスを消費者に提供しないといった問題を、シェアリングエコノミー企業が間に立つことで安全な取引を担保しています。

しかし、このシステムではサービスは分散型で提供されるものの、仲介、取引、支払いはいまだプラットフォームによって集中的に管理されています。

これもブロックチェーンを用いることで、真に分散的なプラットフォームを築くことができます。支払いにブロックチェーン上の暗号通貨を用いれば、間に立つ企業がなくても安全にお金のやり取りが可能となります。

それによりサービスの提供だけでなく、お金の流れも提供者と消費者との間で直接やり取りが可能となります。そこではじめて、サービスの提供者と消費者とだけで成り立つ、真のシェアリングエコノミーが誕生します。

「Arcade City」は、一言で言うとブロックチェーン上のUberのようなものです。Arcade Cityの創業者Christopher David氏は、元Uberのドライバーでもあり、その視点からUberなどの問題点を感じて、このプロジェクトを立ち上げるに至っています。

特に2016年1月に、事前の告知なくドライバーへの報酬支払い額が、大幅に引き下げられたことも指摘しています。

実際、マーケットプレイスを運営する企業も利益を追求する必要があるため、サービス提供者と消費者から搾取していくしか方法はありません。

そうした中で、ドライバーが独立した事業者として、公正な価格を掲示でき、ある意味自己責任の上で活動を行える、ライドシェアサービスとしてArcade Cityが登場しました。ドライバーは、モバイルアプリを通じて自分の車に乗る権利（ライド）を、他のユーザーに提供することができます。

その際に、Uberとは違ってドライバーは金額を自由に設定することができます。消費者は、ドライバーの提示する金額や評価をもとに、自分が乗りたいドライバーを選ぶことができます。

支払いの際には、走行距離に応じて独自暗号通貨のARCで支払いを行います。この支払いには仲介は存在せず、ドライバーとユーザーのP2Pによる直接の支払いが行われているので、従来のような手数料の上乗せがなくなります。

乗車の運賃も個々のドライバーが設定するため、より市場の需要と供給に従った民主的な価格決定が行われることが予想されます。

ブロックチェーンとカーシェアリングの観点で面白い例がもうひとつあります。

イスラエルの「La, Zooz」というプロジェクトです。こちらのプロジェクトは、ニーズに合わせて車を提供するArcade Cityに比べると、より純粋なシェアリングに近い発想のプロジェクトです。

ドライバーは、自分の行き先へ向かうついでに、空席を同じ目的地の他の人に提供することができます。

La, Zoozのアプリ内でマッチングが行われ、乗車したあとは独自の暗号通貨Zoozで支払います。利用者間で直接支払いが可能なため、前述のArcade Cityと同様に従来に比べて手数料を下げることが可能です。

第6章

ブロックチェーンがつくる新たな経済圏とは？

新たな経済圏の可能性

これまでの経済を成り立たせてきた貨幣は、政府という巨大な組織によって管理されてきました。

しかし、ブロックチェーン技術により、ビットコインという管理主体のない貨幣が登場しました。そして、ビットコインに興味を持ちそれを利用する人たちの間で流通し、そして支払手段として機能していく中で（最初の支払いは、ピザへの支払いでした）、通貨としての側面を持ちはじめました。

そしてそれは、これまでの貨幣のように特定の地域や組織に縛られない、ボーダレスな通貨です。ビットコインを利用したいと思った人たち同士が集まれば、自然とビットコイン経済というものが生まれるのです。

そこには、通貨を管理する政府も土地もいりません。ただビットコインを求める個人がいるだけでいいのです（将来的には、人だけでなくロボットが通貨を利用する日がくるかもしれません。実際に、暗号通貨は、ロボットの使う通貨としての側面も持ち合わせており、ＩｏＴ

への活用可能性のひとつとなっています）。

これは、ビットコインだけでなくその他の暗号通貨についても同様です。このように、ブロックチェーンおよびその上に成り立つ暗号通貨によって、ボーダレスにこれまで築き得なかった経済圏が生まれていく可能性があります。

さらに、その新たな経済の中では、お金を得る方法も変えることができるようになるでしょう。

日本ですと、日本円を稼ごうとする時、皆さんはどうするでしょうか？

学生時代だと、コンビニや飲食店、はたまた塾の講師などのアルバイトをしてお金をもらいます。社会人になっても、企業に勤め決められた時間しっかりと働くことで、お金をもらえるでしょう。フリーランスの方の場合は、依頼された仕事をこなした分だけ、報酬としてお金をもらえます。基本のお金のもらい方は、労働への対価です。

しかし、一方でビットコインの場合だとどうでしょうか？

ビットコインのもらい方は、マイナー（ノード）として、ビットコインネットワークを支えるお手伝いをすることです。

ここでは、特に物理的な労働はなくサーバーをネットワークに対して貸し出し、プルーフ・オブ・ワークと呼ばれるネットワークの承認プロセスに参加します。それにより必ず報酬がもらえるわけではないですが、ビットコインを得ることができます。

これは、これまでのお金のもらい方とは根本的に異なっています。このように、お金のもらい方もこれまでのあり方から変えることができるのです。

さて、もう少し順を追って詳しくみていきましょう。

経済圏の条件とは?

一定の経済が成り立つ場所を作るには、どういった要素が必要でしょうか?

ここで必要なのは、通貨とそれを利用する人、そして、その通貨によって何かしらのサービスを得られること。これらがあれば、経済圏が生まれます。

日本経済の場合ですと、日本円という通貨があり、私たちのように日本円を利用する人がいて、日本国内のあらゆる店舗という日本円が使える場所があります。基本的にこの3つが揃うことで、大小の違いはあれど、経済圏はでき上がります。

小さい経済圏であれば、この本を読んでいる皆さんでもすぐに作ることができます。たとえば、まず新しい経済圏の通貨の名前を決めます。そして、その通貨の名前を10枚の紙に書きます。この10枚の紙が新しい経済圏の通貨となります。

総発行量は、今のところ10枚です。次に、この通貨を利用する人が必要です。まずは、発行をしたあなたと、仮に友人の一人がそれを使いたいと言ってくれたとしましょう。次に、その通貨を利用して何かしらのサービスを得られることが必要です。あなたとその友人の間で、新しい通貨1枚で料理を作ってもらえるということにします。そうすれば、友人に新しい通貨を1枚あげることで、友人があなたに料理を作ってくれます。

逆に、そこで得た新しい通貨をあなたにあげることで、あなたは友人に料理を作ることとなります。

これで小さいですが、経済圏の条件は揃いました。この経済圏に仮にほかの友人も入りたいとなれば、経済圏は拡大していきます。

さらに、料理を作ってもらう以外の使い途が増えれば、もっと拡大していくかもしれません。

身近な例で言うと、Suicaなどが想像しやすいかもしれません。最初は、電車の切符を購入するのにしか使えませんでしたが、次第に駅周辺の店で利用できるようになり、いまでは、全国のコンビニや飲食店でも利用できるようになっています。

利用できる場所が増えることで、利用者も増えていった例と言えるでしょう。

ブロックチェーンの生み出すボーダレスな経済

ビットコインの場合は、ビットコインというものが2100万枚生まれ、それはまだ生まれ続けている途中です。そして、それに興味を持つ人たちが現れて、ビットコインでピザを支払ったことで、ここにビットコイン経済が誕生したわけです。

ビットコインは、2009年に始動しましたが、それまでは名前を聞いたことがある人も、持っている人もいませんでした。しかし、2017年現在では、少なくとも世界中で1000万人以上の人が保有している通貨となっています。

日本でも、ビックカメラをはじめとした、日本国内でもビットコインで支払いができる店舗が増加しています。

何もないところに、ビットコインという貨幣が誕生し、個人がそこに集まっていったことで、経済圏が生まれたのです。

さらにビットコインは、インターネットを通じてP2Pで送金ができます。つまり、直接会わなくてもビットコインのやり取りができます。そのため、国や地域に縛られることなく、利用することができるため、利用者も利用できる場所もインターネットを通じてどこでも可能なのです。

ですから日本、ドイツ、アフリカを巻き込んでの経済圏も簡単に作り出せるのです。

これまでは、国という存在の中で、経済圏がすでに存在していました。自ずと、経済圏は国という枠組みの中で分断されがちでした。

その中でフラットで新しい経済圏を作る、ましてや通貨を作るということのは簡単なことではありませんでした。

先ほどの国内最大規模を誇るSuicaも、グローバル決済サービスであるPayPalなども、通貨を作ることはできませんでした。

ブロックチェーン技術により、貨幣を生み出し、そして個人が集まることで、通貨となり経済圏を築くことができるようになったのです。

多種多様な経済圏が生まれる

２０１７年現在、世界中には６００種類を超える暗号通貨が存在します。

そのそれぞれの暗号通貨について、利用者数もそれが利用できる場所も異なります。

これは、ある意味、６００種類以上の別々の経済圏が生まれていると言えるでしょう。

600も大小異なる経済圏が乱立しているとなると、少し混乱する気もしますが、今後はそれぞれの暗号通貨の自由競争により、より良い暗号通貨だけが残っていくことになるでしょう。

競争が生まれること自体は、暗号通貨並びにその経済圏の成長を促すため、良い効果とも言えるでしょう。よく悪貨は良貨を駆逐《くちく》するという言葉がありますが、固定相場の場合は、確実に悪貨が良貨を駆逐する結末になると予想されます。

しかし、暗号通貨同士を変動相場性にすることで、悪貨は良貨に比べて悪いレートとなるため、改善が測られない場合は次第にシュリンクしていきます。株価などと似たようなものと考えても問題ないでしょう。

暗号通貨による経済圏が新たに生まれていくことのメリットのひとつとして、富の硬直性の是正があると考えています。

2016年に公開された国際貧困支援NGO「オックスファム」の発表が正しいとすると、世界中の富のトップ1パーセントが世界の半分を独占しています。

また、金持ちが次の金持ちを生むという言葉の通り、なかなかこの富の偏りを変えることが難しいのが現状です。

しかし、円やドルなどのお金を多く持っている人の顔ぶれと、ビットコインを多く持っている人の顔ぶれは異なると思われます（もちろん、実際に多少被るところはあるかもしれませんが）。

さらに、いまや暗号通貨の中では、時価総額2位となったイーサリアムを多く持っている顔ぶれとも異なるでしょう。

何が言いたいかと言うと、新たな経済圏が生まれることで、そこで流通している通貨の保有割合も新しくなるということです。

いまの日本円やドルといった法定通貨の世界では、富（＝お金の保有割合）が偏ってしまっており硬直化してしまっていても、新たな経済圏ではまったく新しい割合になる可能性があるのです。

日本円という経済圏の中では、あまり保有数が多いほうではないけれど、ビットコインという経済圏の中では、上位ということがあり得るわけです。そうすることで、結果的に富の硬直性を是正することが可能です。

鶏口牛尾《けいこうぎゅうご》という言葉もありますが、今後は小さい経済圏でトップになることに、価値が出てくるかもしれません。

しかし、この小さい経済圏という流れは、すでに生まれてきているのではないかと思っています。

昨今は、SNSの急激な発達で一般人でも多くの注目を浴びる人々が登場してきました。

その中でも、インフルエンサーと総称される人たちが登場してきましたが、芸能人というう少し雲の上の人というよりは、一般人に近い等身大の人物がフィーチャーされるようになってきたように思います。

このような個人に注目が集まり、その個人を中心にフォロワーではありませんが、ファン層が形成され、ひとつのコミュニティのように機能している例も多々あります。

ここにもし通貨が登場すれば、ひとつの経済圏として成り立つかもしれません。

ライターにとっての新たな経済圏「Ｓｔｅｅｍ」

ブロックチェーン上では新たに通貨を発行し、さらにそのもらい方も自由にデザインできると述べました。

ビットコインやその他の暗号通貨は、そのネットワークを維持することで通貨を得ることができます。ブロックチェーンを用いたプロジェクトの中には、それ以外の方法で通貨を得ることができるものが出てきています。

そのひとつが「Ｓｔｅｅｍ（スチーム）」というプロジェクトです。スチームは、簡単に言うと「書き手が報酬をもらえるブログサービス」です。スチームの利用ユーザーは、ブログ形式で記事投稿を自由に行うことができます。

投稿された記事に対して、他のユーザーはコメントや投票を行うことができます。そして自分の書いた記事が、多くの投票を集め、良い投稿であると評価されると、それに応じた報酬を暗号通貨で得ることができます。

また、良い評価を受けた投稿に対して投票を行ったユーザーにも報酬が支払われます。そのため投票をするユーザーも、報酬を得るために良い投稿に投票を行おうというインセンティブが働くので、良い投稿が評価されやすい仕組みとなっています。

このように良い投稿を生み出す、そしてよい投稿を評価することで報酬を得るという、新しいお金の稼ぎ方を実現しています。

スチーム内の暗号通貨は、取引所などで他の暗号通貨や法定通貨と交換することができます。これがもし他の通貨への交換なしに、何かを購入ができるようになると、良い投稿を書き続けるだけで、生活が送れるという日もくるかもしれません。

スチームは、こういったムーブメントの一例に過ぎず、今後も新しいお金のあり方を提唱するプロジェクトが立ち上がっていくでしょう。

クラウドセールという新しい資金創出のカタチ

ブロックチェーンおよび暗号通貨を用いたプロジェクトでは、「クラウドセール」という新しい手法を取ることが増えています。

クラウドセールに似た手法として、現在も世界中で行われている「クラウドファンディング」があります。

クラウドファンディングとは、何か新しいことを行うために一般の人々から少額のお金を集め、見返りにでき上がったサービスや製品の優先割引販売を行う資金調達の形です。

そのお金を集める場として、海外ですと「Kickstater（キックスターター）」、「Indiegogo（インディーゴーゴー）」や国内でも「Makuake」、「CAMPFIRE」といったインターネットサービスが提供されています。

実際に、クラウドファンディングを通じて、通常であれば商品化されなかったような商品が販売されたり、飲食店の立ち上げに利用するケースなど幅広く利用がされています。

これまで個人および団体が新しいことをはじめる場合は、銀行の融資などが一般的でした。しかし、小さいプロジェクトであったり新しい試みの場合、審査が通りにくいといったこともありました。

そこでインターネットを通じ、リスクを分散化し複数の個人からお金を集めることができるのは、非常に画期的な方法です。

ブロックチェーンを活用して、クラウドファンディングの派生型として登場したのが、クラウドセールです。

クラウドセールでは、出資をしたリターンとして商品などを受け取るのではなく、そのプロジェクト内で利用される暗号通貨もしくは、プロジェクトから得た収益の一部を得る権利がもらえます。

ブロックチェーン上で発行される通貨（コイン）を渡すことからInitial Coin Offering（ICO）とも呼びます。

出資は、ビットコインなどの暗号通貨で行うことが可能なため、世界中どこからでも参加することが可能です。

また、暗号通貨の特徴として送金手数料が従来より抑えることが可能なので、より少額からの出資も可能になるでしょう。暗号通貨を利用すれば、銀行口座もクレジットカードも不要なので、これまでクラウドファンディングに参加できなかった人々にも窓口が開かれることでしょう。

実際にクラウドセールを行ったプロジェクトが数多く登場しており、イーサリアムもそのひとつです。

このクラウドセールという手法は、経済圏を新たに築くのに非常に有効な手段です。経済圏の条件は先ほどお話したとおり、通貨とそれを利用する人、そして利用できる場所です。通貨を先に配布することで、必要な条件のうち２つをクリアすることができます。

このように、ブロックチェーンを用いて通貨を発行できるようになった（通貨発行権の解放）ので、クラウドセールを通じて誰もが新たな経済圏を立ち上げることができるようになります。

ブロックチェーンにより、会社はなくなるか？

ブロックチェーンのもたらす、新しく。かつ強力なコンセプトの中に「自律分散型組織（Decentralised Autonomous Organisations＝ＤＡＯ）」があります。組織ではなく会社と形容して、ＤＡＣ（Decentralized Autonomous Corporation）と呼ぶこともあります。

ブロックチェーンやスマートコントラクトにより、仕事が効率化および自動化されて、人を必要とする部分がなくなっていくことが予想されます。

ＤＡＯとは、最終的には、部分的な仕事だけでなく、それらを統括し運営し意思決定するという、これまで経営者やマネージャーが担ってきた機能すらも、分散化および自動化しようというダイナミックなコンセプトなのです。

つまり、ＤＡＯにおいては特定の管理者はおらず、意思決定やそれまでのプロセスが、あらかじめ定められたルール（プログラミングコード）に従って執行されます。

それは、組織や会社、コミュニティが、自律的に運営されることを表します。そして現在このＤＡＯを実現しているのが、まさにビットコインなのです。ビットコインを例に、ＤＡＯについてみていきましょう。

まず、ここでは、ビットコイン自体を株式会社と仮定します。その会社は、ビットコインという電子マネーを自由に送金できるというサービスを提供しています。

そして、ビットコインには、そのネットワークを維持するためのサーバーを提供するマイナーの存在が不可欠です。株式会社では、資本を提供してくれる株主の存在が不可欠ですので、そういった意味でマイナーは株主に当たるでしょう。

次に従業員ですが、これはプルーフ・オブ・ワークというプロセスに従事するという点で、マイナーが当たるでしょう。そしてプルーフ・オブ・ワークを行い、新たなブロックを生成した従業員へは、報酬としてビットコインが支払われます。

顧客は、ビットコインを持つすべての人です。

このように見ると、単独のマイナーが51パーセント以上のマシンパワーを持つと、ブロックチェーンのデータを自由にできてしまうという点でも、株式の過半数を持っている人物が会社を掌握《しょうあく》できることと似ています。

普通の会社であればこれらを組織する人員は、面接などのプロセスを経て、会社の目的にマッチする人間を選定します。しかしビットコインの場合は、世界中の誰もが参加することが可能です。

どうして、ビットコインプロトコルにおいては、目的も異なるプレイヤーが参加をしているにも関わらず、変わらずにサービスを提供できるのでしょうか？　そもそも、プレイヤーが誰も参加しないという可能性もあり得るはずです。

この問題を解決しているのが、プロトコルに紐付いた通貨である「ビットコイン」です。

このビットコインが報酬として支払われるというインセンティブのおかげで、ビットコインという会社に入社しようとする従業員や株主が世界中から集まってくるのです。

そして、特定の従業員や株主がビットコイン株式会社を潰そうとしないのも、（もちろん、技術的にも困難ですが）このビットコインという通貨のおかげなのです。

もし、ビットコイン株式会社を乗っ取ろうとした場合には、膨大なマシンパワーが必要です。

そのためには、膨大なサーバー費用や土地、電力が必要となるでしょう。そして、株式会社を掌握できるようになる頃には、プルーフ・オブ・ワークにより多くのビットコインを保有しているはずです。

また自分でビットコイン株式会社を潰してしまうと、ビットコインの価値自体がなくなってしまいます。そんな非合理的な行動を取る人がいるでしょうか（もしいたとしたら、よほどビットコイン株式会社に恨みがある人でしょう）。

ビットコイン株式会社には、開発者コミュニティが存在し、その多くがボランティアで開発を行っています。

彼らは、日夜ビットコインをより良くするために、不具合の改善やパフォーマンスの向上のため開発を行っています。時には、ビットコインに新たな機能を追加したり、大幅な仕様変更を提案することもあります。

その提案の可否について、株主にあたるマイナーの意向が反映されます。

マイナーは、ビットコインという報酬を得て、儲かることが目的でもあるので、ビットコインがより多くもらえるようになるか、ビットコインあたりの価値が上がることを期待するはずです。時には開発者からの提案がマイナーの意向に沿わない場合もありえます。

また、マイナーの間で意見の対立が起きた場合も、意思決定に時間がかかってしまう可能性があり得ます。この点は、ＤＡＯの抱える現在の課題と言えるでしょう。

中央管理者のいない分散化された組織というコンセプトは、ビットコインをはじめとしてまだ実証段階ではありますが、これまでにない新しい組織や会社、働き方の可能性を生み出していくと考えられます。

ブロックチェーンにより、政府はなくなる？

これまで政府行政機関が行ってきたことを、すべてブロックチェーン上で自動化してしまおうという壮大なプロジェクトも存在します。

それが、Btination（ビットネーション）です。ビットネーションは、ブロックチェーン上に分散的、かつ自律的な国家を構築することを目指し、従来政府が担ってきた認証サービスを代替する新しいガバナンスの形を実現することを目的としています。

インターネットの普及や、輸送にかかる時間短縮、コストの低下などに伴うグローバリゼーションが進行する一方で、国家という地理的制約はいまだ残存しています。ビットネーションは、このようにウェストファリア体制に基づく近代国家によって生じている地理的断絶を排除し、地理条件や出生にとらわれない形で、より低コストな統治サービスを提供することを目的としています。

ビットネーションはイーサリアムブロックチェーンを利用し、中央集権機関、つまり政府なしに様々な認証を行うプラットフォームを提供します。

具体的には土地登記、婚姻、出生、死亡、パスポートなどのＩＤ、戸籍登録、財産権の記録など、いわゆる公的認証サービスとして従来政府や国家が担ってきたものを、改ざんが困難なブロックチェーンを活用することで自動化します。

このようなビットネーションの提供するアプリケーションを活用することによって、中央集権機関が従来負担していたコストを大幅に削減できるだけでなく、そもそも国家という地理的な制約に縛られない形のガバナンスを実現します。

将来的にはネットワーク上に構築された近代国家に代わる共同体として、投票機能や、スマートコントラクトを利用した民事契約の体系など、共同体のガバナンスに必要な諸機能を整備していくとしています。

最終的には出生地に基づく国籍にとらわれず、世界中の人々が多様な選択肢の中から自ら共同体を選択し、形成できる可能性もあると言えるでしょう。

ここで、国を挙げてスマート化を進めている、エストニアを取り上げたいと思います。エストニアでは2002年にデジタルIDカードが導入され、15歳以上の国民全員が所有を義務付けられました。このIDカードが、エストニアの電子サービスを利用する上での根幹となっています。

IDカードを用いることで、納税、警察、教育、医療、選挙、会社設立など実に多くの公的サービスをオンラインかつペーパーレスで受けることができます。これにより国民・政府職員双方の手間やコストが大幅に削減されました。

2014年にはe-レジデンシー（電子居住）法案が可決され、非エストニア居住者であってもエストニアのデジタルIDを発行しオンラインサービスを受けることができるようになりました。

これにより、エストニアにおける電子認証などを利用し、銀行取引における本人認証や会社登記を海外から実行できるようになります。短期的な狙いとしてはスタートアップや起業家の呼び込みがありますが、長期的な視野では、このようにエストニアは物理的な「領土」から「データ」へとその重心を移しつつあると言えるでしょう。

個人情報の電子化には、必ずプライバシーの問題がつきまといますが、エストニアでは、警察に個人情報へのアクセスを認める代わりに、国民が自らの個人情報への照会を確認し、照会理由を問い合わせることができます。

このようにオープンな仕組みを採用しつつプライバシーにも配慮した形をとっています。これらの多くの電子サービスはX-Roadというクラウドサービス上に構築されていましたが、近年では多くのブロックチェーンスタートアップとの提携を進めています。そのひとつが前述したビットネーション（Bitnation）です。２０１５年にはｅ－レジデンシーがブロックチェーン上で運用されるようになり、公証サービスとしてさらなるコスト削減を実現しました。

エストニアは、国民データを中心として国家というものを再定義していると言える、非常に面白いケースでしょう。

あとがき

本書ではこれまで、ブロックチェーンの可能性およびその仕組みについて、その中心にあるコンセプト「分散化」をキーワードとして解説してきました。ブロックチェーンにより、発行者のいないビットコインをはじめとする暗号通貨や、これまでの産業構造が大きく改革するプロジェクトが生まれてきています。

確かに、その多くはまだまだ実証段階であったり、商用として不十分な点はあります。さらに、各種メディアから提供される情報もブロックチェーンへの期待を煽《あお》ったり、逆に実用的でないなど、評価も定まりません。

序章でも述べた通り、用いられる用語も一律ではありません。それも、黎明期ならではのハードルと言えます。そういった情報に惑わされないためには、ブロックチェーンについて正しく理解し、自分なりに今の社会がどのように変わっていくのかを想像してみるのがよいでしょう。

最後にもう一度、ブロックチェーンによって、より便利になるこれからの世の中について考えてみましょう。

ビットコインをはじめとする、個人間で直接やり取りが可能となる暗号通貨の登場により、日本からアメリカや中国、アフリカへさえも即座にお金を送れるようになります。これにより、国際送金という概念自体がなくなるかもしれません。

そして、これまで当たり前のように存在した中央管理者や仲介業者がいなくなり、シェアリングエコノミーと呼ばれる、個人同士がサービスを提供し合う経済が発展し、よりリーズナブルな価格でサービスを受けられるようになります。

さらにブロックチェーン上に登録もしくは記録されているデータを参照することで、もう登記の手続きや各種書類の発行のために、市役所で待たされる必要もなくなります。

次のような可能性もあります。政府が独自のプライベートブロックチェーンを開発し、法定通貨を暗号通貨として発行し管理したらどうなるでしょうか。

国内での支払いもすべて暗号通貨で行うことができるようになり、キャッシュレス化が進むでしょう。そして収入から支出まで把握することが可能ですから、国民一人ひとりがいくらの暗号通貨を保有しているかを正しく管理することができます。したがって、税金の徴収も非常に効率的になります。一方で今度は、自分の保有している暗号通貨の差し押さえを政府によって行われるかもしれません。

これまでは、現金で持っているものを即座に差し押さえるということはできませんでしたが、ブロックチェーン上で管理されていれば、それも可能です。中央管理者のいるブロックチェーンでは、利便性が高まる一方で、より権力の集中が起きることもあり得ます。

では さらに、分散化が推し進められた場合はどうなるでしょうか。自律分散型組織（DAO）という概念が会社というもの自体を変容させていくでしょう。

本書でもビットコインを例に解説しましたが、既存の会社という形を取らずとも、一定のサービスを提供することが可能となります。

会社と雇用契約書を締結して所属せずとも、インターネット上に構築される組織ないし会社の一員として目的を果たすために貢献することで、報酬を得ることができます。それにより、従来とは違った働き方を選択できるようになるかもしれません。

もちろん、ここまでご説明してきた事例もひとつの可能性に過ぎません。これからブロックチェーンが現実世界にどのような影響をおよぼすかは、インターネットが登場した際に、私たちの生活がこれほど変容することが想像できなかったのと同様に未知です。しかし、明らかに私たちの生活をより便利に、そして個人をエンパワーメントするものであると、筆者は考えています。

ブロックチェーンも今はまだ黎明期、産まれたての子どものような状態です。どのような姿になって飛び立つのか、育て上げる立場になるか、温かく見守る立場になるかは、皆さん次第です。生かすも殺すも、この本を手に取ってくださった皆さんの想像力次第と言えるでしょう。

最後にはなりますが、この本が皆さんにとって、ブロックチェーンおよびその可能性について深く理解する一助になれば幸いです。

2017年5月

森川夢佑斗

森川夢佑斗（もりかわ　むうと）

1993年生まれ、大阪府出身。京都大学法学部在学中に、アルタアップス株式会社を創業。同社、代表取締役CEO。暗号通貨を一括管理できるウォレットアプリ「Alta Wallet」の提供を行うほか、ブロックチェーンを実用化するためのコンサルティング業務を行う。国内におけるコミュニティ活動にも積極的で「ブロックチェーンビジネス研究会」を発足し、毎月50名以上が参加するミートアップの開催およびブロックチェーンの専門メディアの運営を行っている。在日中国人向けの『日中商報』でのコラム連載や各種テックメディアに寄稿も行っている。著書に『一冊でまるわかり暗号通貨2016～2017』（幻冬舎）など。

ベスト新書
555

ブロックチェーン入門

二〇一七年五月一五日　初版第一刷発行

著者◎森川夢佑斗

発行者◎栗原武夫
発行所◎KKベストセラーズ
　東京都豊島区南大塚二丁目二九番七号　〒170-8457
　電話　03-5976-9121（代表）
装幀◎坂川事務所
印刷所◎錦明印刷株式会社
製本所◎ナショナル製本協同組合
DTP◎株式会社オノ・エーワン

ISBN978-4-584-12555-7 C0230